長江三峽
The Three Gorge on the Yangtze River

長江三峽
Die Drei Schluchten des Yangtze

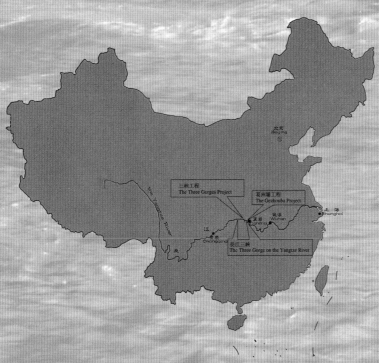

長江三峽地理位置示意圖
The Sketch Map of the Location of the Three Gorges
長江三峽地理場所見取り図
Graphik der geographischen Lage der Drei Schluchten

湖北美術出版社

險峻的瞿塘峽
The Precipitous Qutang Gorge
險しく見える瞿塘峽
Die Steile Qutang Schluchtie

瞿塘峡(2008)
Qutang Gorge
瞿塘峡
Qutang Schlucht

巫峡依舊秀麗
Wu Gorge remains fascinating
巫峡は依然として秀麗な姿を持ち
die Wu Schlucht auch reizend

西陵峽險灘已成爲過去
Dangerous shoals in Xiling Gorge will become a legend in the past.
西陵峡の危うい浅瀬はすでに過去のものとなる。
aber die gefährliche Untiefe sind für immer verschwunden.

長江三峽, 是萬里長江上一段山水壯麗的大峽穀, 是瞿唐峽、巫峽和西陵峽三段峽穀的總稱, 它是中國十大風景名勝之一, 西起重慶市奉節縣白帝城, 東至湖北省宜昌市南津關, 全長192公里。

長江三峽是一條天然的藝術長廊。瞿唐峽雄偉險峻, 巫峽幽深秀麗, 西陵峽灘多流急; 峽江兩岸, 群峰峭壁對峙, 重巒迭嶂, 峽穀中驚濤駭浪, 江水回環曲折, 奔流直下。還有神奇古樸的巫山小三峽, 巴東神農溪和秭歸香溪。

長江三峽, 名勝古迹衆多, 是中國古文化的發源地之一。這裏孕育了世界文化名人的屈原和西漢才女王昭君; 文豪詩聖李白、杜甫、劉禹錫、範成大、歐陽修、蘇軾、陸游等也都在此留下了千古傳頌的詩篇; 白帝城, 黃陵廟, 南津關等名勝古迹和大自然的壯麗風光交相輝映, 聞名世界。

長江三峽是舉世無雙的能源寶庫, 三峽工程是當今世界上最大的水力樞紐工程, 建成後年發電量847億KWH, 萬里長江第一壩——葛洲壩年平均發電157億KWH。三峽工程和葛洲壩工程都位於西陵峽風景區中, 這現代化的雄偉建築奇觀又爲壯麗的長江三峽增添了無限風采。

The Three Gorges is a great valley with a most splendid landscape on the Yangtze River and it is one of the ten most famous scenic spots and historical sites in China. It begins from Baidicheng Town (White King Town) in Fengjie County, Chongqing City and end in Nanjin Pass in Yichang City, Hubei Province, consisting of three sections: Qutang Gorge, Wu Gorge and Xiling Gorge, with a full length of 192 kilometers.

The Three Gorges is an amazing natural art gallery, presenting a scene of boundless variety with the magnificence of Qutang Gorge, the elegance of Wu Gorge , the perilousness of Xiling Gorge as well as the primitive simplicity and mysteriousness of the Small Three Gorges on Daning River, Shennong Brook in Badong County and Xiang Brook (Fragrant Brook) in Zigui Town. The whole landscape is so kaleidoscopic: the peaks tower into the sky, the steep cliff facing one another with mists and clouds shrouding them all the year around, the river rolls forward with swashing waves beating on the shore...

The beautiful landscape of the Three Gorges region has given birth to a splendid culture and it is one of the origins of the civilization of China. It is here that Qu Yuan, the earliest Chinese patriotic poet, and Wang Zhaojun, an outstanding talented beauty in the Western Han Dynasty, were born and brought up. It is also here that Li Bai, Du Fu, Liu Yuxi, Fan Chengda, Ouyang Xiu, Shu Shi and other poets and men of letters traveled and left their immortal poems behind. Besides, a great many well-known historical sites, such as Baidicheng Town (White King Town), Huangling Temple and Nanjin Pass, add charm to the landscape.

The Three Gorges of the Yangtze River is an incomparable energy treasury. The Three Gorges project is the largest water conservancy Pivotal projects in the world today, with its annul power output of 84.7 billion KWH after its completion. While the Gezhouba Project is the first largest dam in China along the Yangtze River, with its annul power output of 15.7 billion KWH. Both of the magnificent modern constructive wonders lie in the scenic area of the Xiling Gorge and inevitably add more charms to the splendid landscape of the Three Gorges.

長江三峡は万里の長江にある山水秀麗な大峡谷で、瞿塘峡、巫峡、西陵峡という三段の峡谷の総称であり、中国十大風景名勝地の一つである。長江三峡は西に重慶市奉節県の白帝城から、東に湖北省宜昌市の南津関まで、全長は192キロメートルである。

長江三峡はまさに天然的な芸術の長廊である。よく見れば瞿塘峡の雄大かつ険しさ、巫峡の静寂かつ秀麗さ、西陵峡に浅瀬が多く流れが急である様子が目に入る；三峡河川の両岸は群峰、絶壁が立ち向かい、幾重にもなる山々は重なり合うようにしており、峡谷には川水が猛り狂った波を起こし、曲がりくねながら流れてゆく。さらに神秘で素朴な巫山にある小三峡及び巴東の神農渓、帰の香渓もなかなかの魅力がある。

長江三峡には名勝古跡が数多くあり、中国古代文化の発祥地の一つでもある。ここは世界的な文化名人の屈原並びに西漢時代の才女である王昭君を育んでいる。文豪詩聖と称

される李白、杜甫、劉禹錫、扢成大、欧陽修、蘇軾、陸游などはここに千代にも伝わる詩文が残されている；白帝城、黄陵廟、南津関などの名所古跡は大自然の壮麗たる風景と相まって輝かしい光を放ち、名声が天下広く知られる。

長江三峡はまた世に並ぶもののないエネルギーの宝庫でもあり、三峡ダム工事は今日世界一の水利中枢プロジェクトで、完成してから年発電量は847億ワットにも達し、万里の長江にできた第一のダム—葛洲-モは年平均発電量が157億ワットとなっている。三峡ダム工事と葛洲坝ダムは共に西陵峡風景区に位し、この現代的で雄大な建築は更に麗しい三峡に限りない風情を付き添えたのである。

Die Drei Schluchten des Yantze Flusses gehröt zu den schösten und eindrucksvollsten Schluchten des drittelägsten Flusses der Welt. Das ist der kollektive Name von Qutang Schlucht, Wu Schlucht und Xiling Schlucht. Sie zählen zu den 10 berümtesten Sehenswürdigkeiten Chinas. Die Drei Schluchten ist 192 km lang, angefangen von Baidicheng im Kreis Fengjie von Chongqing und endet in Nanjingguan in der Stadt Yichang der Provinz Hubei

Die drei Schluchten ist eine natürliche Kunstgalerie. Die Qutang Schlucht ist für ihre imposante und gefährliche Größe bekannt, die Wu Schlucht für ihre ruhige und sagenhafte Schönheit und die Xiling Schlucht für ihre viele Untiefen und reißende Strudeln. Dazu gehören noch wunderschöne Drei kleine Wushan Schluchten, der Shengnong Bach in Badong und Xianxi Bach in Zhigui

Die Drei Schluchten der Yangtze mit ihren zahlreichen Sehenswürdigkeiten und kulturellen Denkmalen ist eins der alten kulturellen Quellgebieten Chinas. Viele berühmte Dichter in der alten Literaturgeschichte Chinas wie Li Bai, Du Fu, Liu Yuxi, Fang Chenda, Ouyang Xiu, Su Shi Lu You u.a. haben hier ihre schönsten Gedichte geschrieben. Sie vermehren die Schönheit der natürlichen Landschaften und Anziehungskraft der altenüberreste wie Baidi, Huangling-Tempel und Nanjinguan.

Die Drei Schlucht ist die einzige Schatzkammer der Energie in der Welt. Das Wasserbauprojekt der Drei Schluchten des Yangtze zählt zu dem grösten Wasserbauprojekt von heute in der Welt. Das Kraftwerk wird mit einer jährlichen Kapazität von 84,7 Milliarden kWh ausgestattet sein, während das Kraftwerk von Gezhouba, dem ersten Staudamm auf dem Yangtze Fluss, schon jährlich durchschnittlich 15, 7 Milliarden kWh erzeugt. Die beiden Wasserbauprojekte befinden sich in der Xiling Schlucht, was mit modernen gigantischen Baugrössen die natürlichen Schönheit der Landschaft von der Drei Schluchten des Yangtze Flusses vermehrt.

雄偉的瞿塘峽
The Magnificent Qutang Gorge
雄大な瞿塘峽
Die imposante Qutang Schlucht

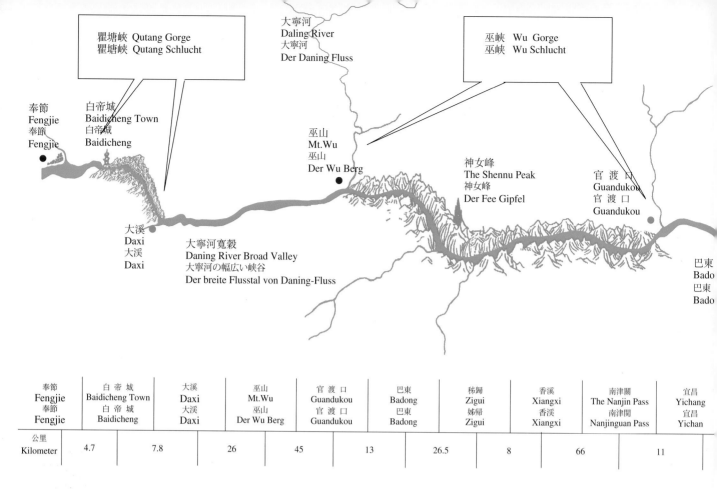

奉節 Fengjie 奉節 Fengjie	白帝城 Baidicheng Town 白帝城 Baidicheng	大溪 Daxi 大溪 Daxi	巫山 Mt.Wu 巫山 Der Wu Berg	官渡口 Guandukou 官渡口 Guandukou	巴東 Badong 巴東 Badong	秭歸 Zigui 姊帰 Zigui	香溪 Xiangxi 香溪 Xiangxi	南津關 The Nanjin Pass 南津関 Nanjinguan Pass	宜昌 Yichang 宜昌 Yichan

公里 Kilometer	4.7	7.8	26	45	13	26.5	8	66	11

新三峽依然美麗

"高峽出平湖, 神女應無恙。" 2003年6月三峽工程下閘蓄水, 出現了高峽平湖風光, 一個巨大狹長的湖泊取代了原來的長江三峽河道。長江三峽是世界上最大的峽穀之一, 在400里的山水畫廊中, 自古以來都書寫着人與激流、險灘的鬥爭。另外河流與湖泊的差別很大, 河流的流動喚醒了人的時間意認, 激流險灘給人一種激情。三峽變成湖泊後, 我們已經不能體會到 "兩岸猿聲啼不住, 輕舟已過萬重山" 的豪邁了, 總之世界上任何事情是一分爲二的, 有得必有失。現在, 作爲一條河流的三峽已不存在了, 三峽的高度也變化不大, 因爲兩岸的山峰大都在海拔1000多米, 按175米水位計算, 神女峰處水位雖然上昇不到50米, 但是, 三峽景區的面積得以大大擴展, 沿長江從葛洲壩到三峽大壩, 再向西直至重慶, 北到神農架, 整個三峽庫區形成了大三峽。豐都鬼城, 石寶寨, 白帝城變成水上孤島, 古棧道、懸棺等著名遺迹將淹沒於水下。大寧河、神農溪、神女溪 一條條支流向峽穀深處伸去, 這是另一種美景, 三峽依然是美麗的。

New Three Gorges, Still Beautiful

"Mirror-like lake arises from High Gorges and Goddess remains unaffected". In June 2003, the Three Gorges Project began water storage and created a gorgeous landscape of mirror-lake. As a result, a huge narrow lake took the place of the previous Three Gorges watercourse. As the largest river valley in the world, the Three Gorges has recorded endless struggles of man against torrents and dangerous shoals in its 400km mountain and water corridor since ancient time. Besides, there exists great difference between river and lake. The flow of river arouses a sense of time in people, and torrents and dangerous shoals offer people a kind of enthusiasm. After the Three Gorges becomes a lake, we can no longer experience its grandeur as depicted in a poem "I heard monkeys crying on both banks and my boat had passed thousands of mountains". However, everything in the world has two sides and quite often, we gain something at the expense of something else. Now, the Three Gorges as a river no longer exists but its height has experienced insignificant change. The reason is that the peaks on both sides are mostly 1000m above sea level and calculated based on 175m water level, the water level at Goddess Peak will rise by less than 50m. On the other hand, this project will substantially increase the area of the Three Gorges scenic spot. From Gezhou Dam to Three Gorges Dam and then directly to Chongqing in west and Shennongjia in north, the Three Gorges Reservoir constitutes a grand Three Gorges. Fengdu Ghost Town, Shibao Fortress and Baidi Town will become isolated islands on water, and such famous relics as ancient plank roads on cliffs and coffins in cliffs will be covered by water. Such rivers as Daning River, Shennong Brook and Goddess Brook will flow into the deep valley. All this helps create another type of beauty and reminds us that the Three Gorges is still beautiful.

新しき三峡は依然として美しい

「高き峡に平なる湖を作り出せ、神女がつつがないはずだ。」2003年6月、三峡ダム工事は閘門をおろして水を蓄え始め、高き峡に平なる湖という風景が現れ、一つの巨大な狭長い湖は元の長江河川を取って代わった。長江三峡は世界でも最も長い峡谷の一つだから、400キロにも上る山水画廊の中に、大昔から人間と水流、危うい浅瀬との戦いを書き残している。河川と湖との差が大きい。河川の流れは人の時間

長江三峡地理位置示意圖
The Sketch Map of the Location of the Three Gorges
長江三峡地理場所見取り図
Graphik der geographische Lage der Drei Schluchten des Yangtze

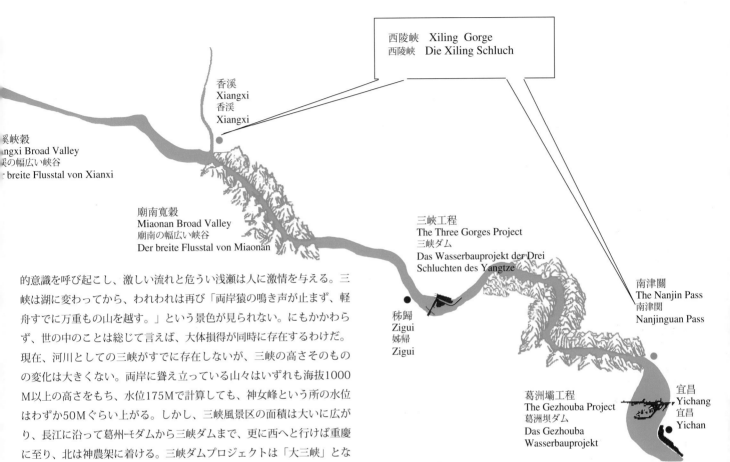

的意識を呼び起こし、激しい流れと危うい浅瀬は人に激情を与える。三峡は湖に変わってから、われわれは再び「両岸猿の鳴き声が止まず、軽舟すでに万重もの山を越す。」という景色が見られない。にもかかわらず、世の中のことは総じて言えば、大体損得が同時に存在するわけだ。現在、河川としての三峡がすでに存在しないが、三峡の高さそのものの変化は大きくない。両岸に聳え立っている山々はいずれも海抜1000M以上の高さをもち、水位175Mで計算しても、神女峰という所の水位はわずか50Mぐらい上がる。しかし、三峡風景区の面積は大いに広がり、長江に沿って葛州-モダムから三峡ダムまで、更に西へと行けば重慶に至り、北は神農架に着ける。三峡ダムプロジェクトは「大三峡」となる。豊都の「鬼の城」、「石宝寨」、「白帝城」は水中の孤島になり、古桟道、懸棺などの有名な遺跡は水浸しにされる。大寧河、神農渓、神女峰……1本1本の川は峡谷の深いところへ流れていき、これはまさにもう一種の美景で、三峡は依然として美しい。

Die immer bleibende Schönheit der neuen Drei Schluchten

„Der große ruhige See würde in den Schluchten erscheinen, und die schöne Fee mßte unversehrt auch da bleiben. " So lautet ein Vers vom Vorsitzenden Mao. Im Juni 2003 wurde das Schleusentor des Drei Schluchtenwasserprojekts geschlossen, um Wasser zu speichern. Danach ist die Landschaft von einem großen See in tiefen Schluchtentälern entstanden. Da ist der ursprüngliche Flußlauf in den Drei Schluchten durch einen großen schmalen See ersetzt. Da die Drei Schluchten zu den größten Schluchten der Welt gehören, wurden in dem 200 km langen malerischen Korridor viele Kämpfe zwischen Menschen und der Stromschnelle des Flusses notiert. Allerdings besteht hier ein großer Unterschied zwischen dem Flußlauf und dem See; der Fluss erweckt einem Zeitbewußtsein des Menschen, und die Stromschnelle gibt einem Leidenschaften. Aber wenn der See in den Schluchten entstehen würde, wäre uns jetzt nicht möglich, die Begeisterung von der alten Zeit wie „In Begleitung der unaufhörten Schrei von den Affen an den beiden Seiten des Flusses fährt das leichte Boot schnell schon an tausend Bergen vorbei " am eigenen Leib zu erfahren. Es ist wie gesagt: Jedes Ding hat zwei Seiten. Kein Vorteil ohne Nachteil. Nun sind die Schluchten mit dem Flusslauf nicht mehr da, aber die Höhe der Schluchten haben sich nicht viel geändert, weil die meisten Berge in den Schluchten über 1000 m sind. Beim vorgesehenen Wasserstand von 175m würde das Wasser nicht mehr als 50 m am Shennü Berg steigen. Aber gleichzeitig würde die Fläche der Drei Schluchten enorm vergrößert. Die Zone der Drei Schluchten würde vom Gezhou Wasserdeich über Drei Schluchten Wasserdeich in der westlichen Richtung bis Chongqing und in der nördlichen Richtung bis Shennong Gebirge zu einem vergrösserten Gebiet der Drei Schluchten. Da würden die Stadt Fengdu, der Shibaozai Turm, die Beidi Stadt isolierte Inseln, und manche bekannte Sehenswürdigkeiten wie Holzsteg, hängende Sarg u.s.w. würden im Wasser untergehen... Duzend Nebenflüsse erstrecken sich in die tiefen Täler der Schluchten, was ein anderes schönes Bild bietet. Die Schönheit der Drei Schluchten bleiben immer.

瞿塘峽

瞿塘峽西起白帝城、東至大溪鎮，全長8千米，雖然距離最短，却有"西控巴渝收萬壑，東連荊楚壓群山"的雄偉氣勢。

"衆水聚涪萬，瞿塘爭一門"，這門即夔門。自夔門而下，瞿塘兩岸的山峰陡峭如壁，拔地而起，把滔滔的長江之水逼成一條細帶，蜿蜒於深穀之中。峽中江寬只有一、二百米，枯水期最窄處僅50米，而兩岸主峰高達1000米~1500米，赤甲山巍峨江北，白鹽山聳立南岸。仰望高空，峰接天關，雲天一綫。俯視江面，激流洶涌，驚濤拍岸，難怪古人發出"縱將萬管玲瓏筆，難寫瞿塘兩岸山"的贊嘆。

瞿塘峽中的名勝古迹衆多。北岸有白帝城，憑江踞險的"鐵鎖關"，驚險萬狀的古棧道，神秘莫測的風箱峽。南岸有題刻滿壁的粉壁墻，鳳凰飲泉，孟良梯，倒吊和尚等。

Qutang Gorge

Qutang Gorge extends eastwards from Baidicheng Town (White King Town) to Daxi Town. Although it is no more than 8 kilometers long, it has a momentum of controlling the water from Sichuan Province on the west and dominating mountains of Hubei Province on the east.

The most spectacular sight of Qutang Gorge is Kuimen (Gate of Kui). As is depicted in the lines of Du Fu , a poet of the Tang Dynasty: "All the water converge at Fuwan, breaking a way through the rocks at Qutang." Kuimen has been marveled as "the most dangerous pass of the world". From Kuimen forward, the river was flanked by steep cliffs and towering peaks, with 100 meters in width, even 50 meters in dry season, while the major peaks of the mountains facing each other on both sides measure 1,000 -1,500 meters in height, of which Mt. Red Amour on the north bank and Mt. White Salt on the south, look just like two doors of a huge gate. When you travel through the gorge in a boat and look up the towering peaks, you see thousand of grotesque crags darkening the daylight with only a narrow opening overhead and the thundering river rolling by vigorously, just like thousands of horses galloping ahead irresistibly. In a word, the scenery is really beyond description.

Qutang Gorge boasts not only its splendid scenic spots but also its historical sites. There are the most ancient Baidicheng Town (White King Town), the dangerous Iron Chain Pass, the breathtaking Ancient Plank Roads and the mysterious Bellow Crevices on the north bank, and the Whitewashed Wall, the Phoenix-Drinking Spring, Meng Liang Ladder, and Monk Hung Upside Down on the south bank.

瞿塘峽

瞿塘峽は西が白帝城より、東が大溪鎮まで、全長8キロで、三峡の中で最も距離が短いにもかかわらず、「西に巴渝を控えてすべての谷を収め、東に荊楚の地に連なり群山を制す」という雄大な勢いを持つ。

「衆水、涪万に会まり、瞿塘、一門を争ふ」、ここの門は夔門を指すのである。夔門から下ると、瞿塘峽の両岸の山は壁のように切り立っており、トウトウたる長江の水を一本の細い帯に追い込んで、峡谷の中を曲がりくねっていく。峡谷の川幅は広いところ1～2百メートルで、渇水期にはわずか50メートルにすぎず、両岸に聳え立つ主峰の高さはそれぞれ1000～1500メートルもある。赤甲山が川の北岸に、白塩山が南岸に聳え立ち、空を仰ぎ見ると山の峰が空に連なっているように見えてくる。上から川面を見下ろすと、激しい流れが荒れ狂い、波はしきりに川岸を押し寄せる。どうりで昔の人は「たとえ一万人もの筆巧みな名人を集めても、瞿塘両岸にある山々の姿を描きがたい」という賛嘆の句を残したのである。

瞿塘峽の中には夥しい数の名所古跡がある。北岸には、白帝城；川の急を頼りにする「鉄鎖関」；スリル満点の古桟道；神秘に満ちた風箱峡などがある。南岸には書を壁いっぱい刻まれた粉壁墻、鳳凰飲泉、孟良梯、逆さまに吊される和尚などがある。

Qutang Schlucht

Die Qutang Schlucht erstreckt sich über eine Strecke von Baidicheng im Westen nach Daxi im Osten. Die Qutang Schlucht ist zwar nur 8 km lang, und ist noch beeindruckender durch ihre majestätische Wuchtigkeit: "sie kontrolliert alles Wasser von der Provinz Sichuan im Westen und leitet die Berge von der Provinz Hubei im Osten."

„Alle Flüßchen treffen sich bei Fu und Wang, Sie kämpfen sich um ein Tor in Qutang. " Das sogenannte Tor ist Qutang Schlucht gemeint. Die Berge an den beiden Ufern in der Qutang Schlucht sind steil wie Wand ragen aus der Erde zum Himmel, und sie drängen den Yangtze Fluß zu einer schmalen Gürtel, die sich in dem tiefen Tal schlängelt. In der Schlucht hat der Fluß nur eine Breite von 100 - 200 m. Und die engste Stelle ist nur 50 m breit, wenn die Quelle versiegt ist. Am Nordufer der Schlucht erhebt sich der Chijia Berg und am Südufer der Baiyang Berg. Diese beiden etwa 1500 m hohen Berge bewachen wie zwei grosse Türsteher den verengten Yangtze. Der Yangtze fließt hier brausend und bietet einen herrlichen Anblick. Kein Wunder, seit jeher sagt man: die Schönheit der Landschaft der Qutang Schlucht läßt sich

schwer mit Worten beschreiben.

Die Qutang Schlucht ist auch bekannt für viele Sehenswurdigkeiten, wie Baidi Stadt am Nordufer, „Tiesuoguang " (Der Pass des eisernen Schlosses) am Fluss, u.a. An der Südseite sind Fenbi-Wand mit vielen bekannten Inschriften, die Trinkquelle des Phönixes , die Mengliang-Treppe zu sehen.

瞿塘峡依然雄偉
Qutang Gorge remains grand
瞿塘峡はそのままの雄大さを保ち
Die Qutang Schlucht ist nach wie vor imposant

雄偉的瞿塘峽
The Magnificent Qutang Gorge
雄大な瞿塘峽
Die imposante Qutang Schlucht

瞿塘晚霞
Sunset at Qutang Gorge
瞿塘峡の夕焼け
Qutang Schlucht im Abendrot

瞿塘夜航
Night Flight in Qutang Gorge
夜中の瞿塘峡航行
Nachtfahrt in der Qutang Schlucht

黑白石灘
The Black-and-White Stone Shoal
白黑の石灘
Schwarz-weisser Steinstrand

鎖江鐵柱
The River-locking Iron post
鎖江鉄柱
Eiserne Säule zum Verschloss des Flusses

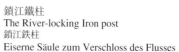

鳳凰飲泉
The Phoenix-Drinking Spring
鳳凰飲泉
Trinkquelle von Phönix

空中看瞿塘
A Bird's-Eye View of Qutang Gorge
空から見下ろす瞿塘峡
Ausblick der Qutang Schlucht aus der Luft

神秘莫測風箱峽：在瞿塘北岸的石壁上、有幾條斷崖裂穴、穴中有物酷似風箱、故名風箱峽、相傳此爲魯班鑄鋸時所用。經考證所謂"風箱"實爲巴人古岩棺。

The Mysterious Fengxiang Crevices (The Mysterious Bellow Crevices): On the precipice of the north bank at Qutang Gorge, there are some vertical crevices and there is something like bellows inside, so the place is called "Bellow Crevices". It is said that these bellows once had been used by Lu Ban (the forefather of Chinese carpenters) for saw casting. In fact, these are coffins placed in the precipice crevices by ancient Ba.

風箱峽
Fengxiang Crevices (Bellow Crevices)
風箱峽
Fengxiang Schlucht

神秘に満ちた風箱峽：瞿塘峽北岸の石壁に幾筋の断岩の穴があり、穴には何かのものが「風箱」にそっくり似ているので、「風箱峽」と名づけたのである。話によれば、これは大昔魯班という大工さんが鋸を鋳る時に使ったものだという。調査結果によると、いわゆる「風箱」は実は戦国時代の巴人（四川省の人）の岩棺である。

Die geheimnisvolle Fengxiang Schlucht(Blasebalg Schlucht): Sie liegt am Nordufer der Qutang-Schlucht. An den Felsenwänden sind einige Höhlen und Steinrisse zu sehen. Der überlieferung nach sollte es darin eine von dem beruhmtesten Baüeister Lu Ban hinterlassene Blasebalge geben. Nach der Untersuchung sind die sogenannten Blasebalge eigentlich hängende Särge aus dem Ba-Reich in der Antike.

七道門
The Cave of Seven Doors
七重の門
Qidaomen (sieben Tore)

風箱峡
Fengxiang
Crevices (Bellow Crevices)
風箱峡
Fengxiang Schlucht

粉壁墙

　　粉壁墙、夔門南岸的絶壁上、因其石壁呈斑白色和宋代摩崖時刷過灰粉而得名。自宋代以來、在其絶壁上刻有大量崖刻, 粉壁墙上的題刻, 長數百餘米, 高數十米; 題刻中最珍貴的是南宋的千字崖刻《宋中興聖德頌》, 粉壁墙題刻不僅篆、隸、楷、行書俱全, 而且充分展示了我國歷代高超的書法藝術水平。

The Waterwashed Wall

　　The Waterwashed Wall is an expanse of white cliff on the side of Mt. Baiyan (Mt. White Salt) on the south bank of Kuimen. It is so called because the wall is gray and it had been brushed by gray powders when scraped the cliffs. From Song Dynasty onward, it was covered with a large amount of engraved inscriptions, which is more than hundreds of meters wide and ten meters high. And one of the most treasured inscriptions is Ode to the Resurgence of the Song of 980 words in Chinese characters engraved in the Song Dynasty. The inscriptions on the Waterwashed Wall not only display all styles of all schools of Chinese calligraphy including seal characters, official script, cursive hand, regular script, and running hand, but also reveal the essence of the Chinese calligraphic arts in the past dynasties.

粉壁墙全貌
A Full View of the Waterwashed Wall
粉壁墙の全貌
Ein Überblick über die "Fengbi"-Wand

粉壁墙

　　粉壁墙、夔門南岸の絶壁にあり、石壁は粉白色を呈していることと、宋の時代に石灰を塗りつけたことで名づけられたのである。宋時代以降、その絶壁に大量の書が刻まれている。粉壁墙に刻まれた書は長さ百メートルあまり、高さ数十メートルもある。中には最も珍しいのは南宋時代の書「宋中興聖德頌」である。　粉壁墙の書はてん書、隸書、楷書、行書すべて揃っているだけでなく、中国歷代のハイレベルの書道芸術を充分に展示しているのである。

Die Fengbi- Wand

　　Die "Fengbi"-Wand liegt am Südufer der Qutang Schlucht. Die Steinwand erscheint ergraut zu sein und war in der Song-Zeit getücht worden, wenn die Klippe geschnitzt wurde. Deshalb bekommt sie diesen Namen. Seit der Song-Zeit gab es an den Felsenwänden viele Steinschnitzerei, die etwa 100 m lang und ein paar Meter hoch. Einer der wertvollen Steinschnitzerei ist die Ode zur Wiedererstehung der Song-Zeit mit 980 chinesischen Schriftzeichen. Die Steinschnitzerei weist ein sehr hohes künstlerisches Niveau in der chinesischen Kalligraphie seit alter Zeit auf.

馮玉祥題刻
The Engraved Inscription by Feng Yuxiang
馮玉祥の書
Inschrifte von Feng Yuxian

孫元良題刻
The Engraved Inscription by General Sun Yuanliang
孫元良の書
Inschrifte von Sun Yuanlian

李端浩題刻
The Engraved Inscription by Li Duanhao
李端浩の書
Inschrifte von Li Duanhao

古棧道

　　"蜀道難, 難於上青天!" 三峽古棧道大部分是在絕壁上硬鑿出來的, 它全長約五、六十千米, 其中瞿塘峽段長約十千米, 寬僅兩、三米, 高出江面幾十米, 凌空臨江, 走在棧道上, 無不使人膽戰心驚。古時候三峽的交通, 幾乎全靠水路。每遇洪水, 流急浪大, 江中不能行船時, 棧道便成了三峽中的唯一通道。

The Ancient Plank Roads

It is true that the communications in the Three Gorges region are very difficult. Most parts of the Ancient Plank Roads were engraved along the perpendicular cliffs, with about 50-60 kilometers in length, about 2-3 metersuin width and scores of meters in height above the surface of the river, of which the part in Qutang Gorge section is about 10 kilometers long. It is really terrifying walking on the Ancient Plank Roads, facing the running water and being high up in the cliffs. In the ancient times, all communications in the Three Gorges region depended on the waterway. Whenever the flood came, the plank road is the only passage in the Three Gorges.

古棧道

　　「蜀道の難、青天を登る如し」。三峽古棧道はほとんど絶壁の上にむりやり切り開いたのであり、全長は約五、六十キロメートルで、うち瞿塘峽の部分は長さ約十キロメートル、幅はわずか二、三メートルになっていて、川の水面より数十メートルも高い。高く川に面して、その上を歩くと人の心を驚かせる。昔、三峽の交通はほとんどすべて水路に頼っていた。洪水に見舞われると、流れが激しく波が高く川の航行ができなくなり、すると棧道は三峽の唯一の通路であった。

Die antiken Holzstege

„Der Weg nach Sichuan ist sehr schwer, schwerer als der Weg zum Himmel" es ist wirklich, dass der Verkehr auf dem Gebiet der Drei Schluchten sehr ungünstig ist. In der Drei Schluchten des Yangtze gibt es viele an Bergwänden gebaute Holzstege. Diese Holzstege waren mit Menschenhand nur mühsam gebaut worden. Sie ist etwa 50-60 km lang. Ein Teil davon liegt in der Qutang Schlucht mit einer Lange von etwa 10 km und einer Breite von 2-3 m. Diese Holzstege hängen in der Höhe an der schroffen Felswand und ein paar Duzend Meter von dem Fluß entfernt. Man könnte vor Angst zittern und beben, wenn er auf dem Holzsteg geht. In der Antikzeit war der Verkehr in diesem Gebiet vom Wasserweg abhängig. Wenn Hochwasser kam, waren diese Holzstege der einziger Weg hier.

孟良梯
Meng Liang Ladder
孟良梯
Meng Lian Treppe

古栈道
The Ancient Plank Roads
古栈道
Die antiken Holzstege

古栈道
The Ancient Plank Roads
古栈道
Die antiken Holzstege

白帝城

　　白帝城,是長江三峽著名的名勝古迹。相傳西漢末年,公孫述割據四川,他的大殿前有一口井,井中常有白烟昇空,公孫述説這是:"白龍出井",於是他便自稱"白帝",白帝城也就由此得名。

　　白帝城也是三國時蜀帝劉備託孤的地方。託孤堂再現了三國時代,吳蜀夷陵之戰,劉備兵敗退守白帝城,臨死前,把國事、家事託付於諸葛亮時的情景。

　　白帝城又稱詩城。這裏瑰麗的自然風光,衆多的文物古迹吸引了無數的文人墨客,唐代的李白、杜甫、白居易、陸游、劉禹錫、範成大等都曾來這裏觀山望景,吟詩作賦,寫出了許多不朽的動人詩篇。

Baidicheng Town (White King Town)

　　Baidicheng Town (White King Town) is one of the famous historical sites in the Three Gorges. It was said that at the end of the Western Han Dynasty, Gongsun Shu occupied Sichuan Province. And as the well in front of his hall gave off white stream shaped like a white dragon, Gongsun Shu called himself White King and named the town White King Town so as to match the white dragon.

　　Baidicheng Town is also the place where Liu Bei entrusted his son to Zhuge Liang. During the Three Kingdom Period, Liu Bei, King of the Shu State, was at war with the Wu State at Yiling County. Defeated, he withdrew to Baidicheng Town (White King Town) and entrusted both the state affairs and his private affairs to the care of Zhuge Liang, his prime minister. The colorful assembly of statues in the Hall of Entrustment just tell the story.

　　Baidicheng Town is also called Town of Poems. Both the beautiful scenary and numerous historical sites with cultural relics attracted numberless poets and men of letters including Li Bai, Du Fu, Bai Juyi, Lu You, Liu Yuxi, Fan Chengda and so on, who traveled here and left their immortal poems behind.

觀星亭
Star Watch Pavilion
観星亭
Guanxing Pavillon (Pavillon der Starbetrachtung)

白帝城

　　白帝城は長江三峽にある名高い名所古跡である。話によると、西漢の末ごろ、公孫述という人は蜀を手に入れ、彼の大殿の前に一つの井戸があり、中から時々白い煙が立ち昇り、公孫述は「これは白い龍が出ているんだ」と言い張り、自ら「白帝」と称し、白帝城もこの故名づけられたのである。

　　白帝城はまた戦国時代蜀国の帝劉備が孤児になる息子を託す場所である。「托孤堂」は三国時代の夷陵の戦いを再現し、劉備は敗れて白帝城に引き揚げ、死際に国の将来、家の事を諸葛孔明に託する時の情景を現している。

　　白帝城は更に詩城とも呼ばれる。ここの麗しき自然風景と数多くの文物古跡は無数な文人墨客を引き付けたのである。唐の時代の李白、杜甫、白居易、陸游、劉禹錫、範成大などはみなここにやってきて山水の風景を見たり、詩や書を作ったりして、人を魅了させるような数多くの詩文を白帝城に残してくれた。

Baidicheng

　　Baidicheng ist eine der bekanntesten Sehen-swürdigkeiten in der Drei Schluchten. Der Überlieferung nach sollte am Ende der West-Han-Dynastie Gongsun Shu die Provinz Sichuan besetzt haben. Vor seinem Schloss gab es eine Quelle, von der immer weißer Qualm stiege, dessen Gestalt wie ein Drachen wäre. Gongsun Shu nannte sich Weissen Kaiser, und dem entsprechenden wurde die Stadt seither Baidicheng (Stadt des Weissen Kaisers) umbenannt.

　　Baidicheng war der Ort, wo Liu Bei, der Kaiser des Shu Reiches (221-265) der Zeit von Drei Reichen, vor seinem Tod seinen Kanzler Zhuge Liang beauftragte, seinen kleinen Sohn bei Regieren zu helfen. Die Tuogu Halle zeigt diese Geschichte wieder.

　　Baidicheng heißt auch „Stadt der Gedichte". Die prächtige wunderschöne Landschaft, die zahlreichen Kulturgegenstände und historischen Sehenswürdigkeiten haben viele Gelehrte hierher angezogen. Die berühmten dichter wie Li Bai, Du Fu, Bai Juyi, Lu You, Liu Yuxi und Fan Chengda waren in Baidicheng und verfaßten dort viele schöne Gedichte.

白帝城門
The Gate of Baidicheng Town
白帝城門
Das Tor der Baidicheng Stadt

三王碑

三王碑上刻：鳥中之王鳳凰, 花中之王牡丹, 樹中之王梧桐。

The Three Kings Stele

The Three Kings Stele,an exquisite work of art,which integrates the images of Phoenixes (king of the birds), peonies (king of the flowers), and a Chinese parasol (king of the trees).

三王の碑

三王の碑に刻んでいる書： 鳥の王鳳凰、花の王牡丹、木の王アオギリ

Denkmal von San Wang

An der Steintafel der drei Königen sind folgende Schriften gehauen: „Der Phönix ist der König der Vögel; Die Päonie ist die Königin der Blumen; Der Phönixbaum ist der König der Bäumen."

劉備託孤堂
The Hall of Entrustment
劉備托孤堂
Tuogu Halle von Liu Bei

竹葉詩碑

竹葉詩即《丹青正氣圖》, 詩文爲： "不謝東簧意, 丹青獨自名。莫嫌孤葉淡, 終久不凋零"。

The Stele of Bamboo Leaves

The Poem of Bamboo Leaves is a pictographic poem engraved on the stele, the art of stone carving, poetry and painting ingeniously integrated.

竹葉の碑

竹葉の詩はつまり《丹青正気図》である。詩文の内容は次のとおりである。"不谢东簧意，丹青独自名。莫嫌孤叶淡，终久不凋零"。

Denkmal von Bambusblätte

Das Gedicht von Bambusblättern ist gleich das „Bild von Illustration der aufrechten Moral „gemeint. Das Gedicht lautet: Für die gute Absicht von Donghuang ist nicht zu bedanken, darauf bestehe ich, allein in der Geschichte einen Namen zu machen. Hab keine Abneigung gegen schlichte Bambusblätter! Sie halten lange und verwelken nie. "

依鬥門(1990)
Yidou Gate
依斗門
Das Yidou Tor

奉節(1990)
Fengjie
奉節
Fengjie

奉節(2008)
Fengjie
奉節
Fengjie

地縫

　　奉節天井峽地縫是世界喀斯特地貌奇觀，全長14千米，深80米~200米，底寬爲3米~30米。是典型的"一綫天"峽穀。

The Earthly Ditch

　　The Earthly Ditch at Tianjing Gorge in Fengjie County is a typical karst valley, which is asa narrow as a thread, when you look up at the sky in the valley. It measures 14 kilometers in length, 80-200 meters in depth, and 3-30 meters in width at the bottom.

地の割れ目

　　奉節の天井峽で見られる「地の割れ目」は世界のカルスト地形の壮観であり、全長14キロメートル、深さは80～200メートル、底幅は３～３０メートルである。典型的な「一筋の空」峽谷である。

Der Riss der Erde

　　Der Tianjing Ris der Erde in Fengjie ist ein typische Karstlandschaft, die 14km Lang, 80-200 m hoch und 3-30 m breit an der Sohle.

天坑

　　奉節小寨天坑，是世界漏鬥之最。天坑坑深666米，坑口直徑622米，坑底直徑522米。

The Heavenly Pit

　　The Heavenly Pit at Xiaozai in Fengjie County Town is the hugest karst cave in the ground all over the world. It measures 622 meters in diameter of its mouth, 522 meters in diameter of its bottom, and 666 meters in depth.

天坑

　　奉節の小寨にある天坑は世界一のだといわれる。天坑の深さは666メートル、坑口の直径は622メートル、底の直径は522メートルになっている。

Die Grube der Erde

　　Das Loch der Erde (Himmel-Loch) in Xiaozhai in Fengjie ist der größte Trichter unter dem Himmel. Es ist 666 m tief. Der Durchmesser der Lochkrone ist 622 m und der Durchmesser vom Lochsohle ist 522 m..

錯開峽
Cuokai Gorge
錯開峽
Die Cuokai Schlucht

大寧河寬穀
Broad valley of Daling River
大寧河の幅広い峽谷
Der Flußtal von Daning

大溪文化

　　大溪位於瞿塘峽東口。1959年以來，先後在這裏發掘多處墓葬，其中包括石器、骨器、陶器、玉器等多種珍貴文物。據考證這些是距今五千多年前的原始社會後期母系氏族公社新石器時代遺迹。

Daxi Culture

　　The Ruins of Daxi Culture lies at the east gate of Qutang Gorge, where several mausoleums were discovered in 1959. The historical unearthed artifacts such as stoneware, bone ware, pottery ware, jade ware and so on, display the Daxi culture of the New Stone Age 5000 years ago.

大渓文化

　　大渓は瞿塘峡の東出口に位置する。1959年以降、ここで相次ぎ数個所の古墳を発掘し、石器、骨器、陶器、玉器などの貴重な出土があった。調査研究により、これらの物はいずれも今より五千年前の原始社会後期母系氏族公社の新石器時代遺跡である。

Daxi Kultur

　　Daxi liegt am Eingang der Qutang Schlucht. Seit 1959 wurde dort eine grose Anzahl dort eine grose Anzahl von Kulturgegenständen wie Stein, Knochen Keramik. Und Jadegeräte freigelegt. Die Archäologen stellen diese Ruinen als Ruinen der späteren Periode der Jungsteinzeit fest und bezeichneten sie als Daxi Kultur.

大溪出土文物
The Unearthed Artifacts at Daxi
大渓出土文物
Die archäologischer Funde von Daxi

大溪文化遺址
The Ruins of Daxi Culture
大渓文化遺跡
Relikte der Daxi-Kultur

33

巫峽

"瞿塘迤邐盡、巫峽崢嶸起" 長江出瞿塘峽、過大寧河寬穀、便進入了畫廊般的巫峽。

巫峽、因巫山而得名、西起重慶市巫山縣的大寧河口、東止湖北省巴東縣的官渡口、全長45公里、西段是金盔銀甲峽、東段是鐵棺峽。

巫峽、迂回曲折、峽長穀深、群峰競秀、重岩迭嶂。它以幽深秀麗著稱。乘船過巫峽、忽而大山橫前、似前去無路、忽而峰回水轉、正是 "山塞疑無路、灣回別有天"。巫山十二峰不僅挺拔秀麗、而且充滿詩情畫意、那繚繞於十二峰的白雲、更是變換無窮。同巫峽相連的大寧河和神農溪更是幽深古樸、其峽更窄、其山更翠、其水更清、其峰更奇。

Wu Gorge

"While the magnificence of Qutang Gorge is left behind , the splendor of Wu Gorge comes in sight." Coming out of Qutang Gorge and sailing through the Broad valley of the Daling River, the Yangtze River enters Wu Gorge, which is a natural art gallery.

Wu Gorge is named after Mt. Wu, extends from the mouth of Daling River in Wushan County of Chongqing City in the west, and ends at Guandukou (Official Ferry) in Badong County of Hubei Province in the east, with a length of 45 kilometers. It is divided into two parts, with Jinkuiyinjia Gorge (Gorge of Gold Helmet and Silver Armor) in the east and Tieguan Gorge (Gorge of Iron Coffin) in the west.

Wu Gorge strikes the people with its depth, serenity, remoteness and unique beauty. The Gorge is flanked with towering peaks and steep cliffs. Downstream you have to go through countless twists and turns. The river now seems to be blocked by the huge mountains, now breaks through and change its direction. The changing course of the roaring river makes it difficult for you to take your bearings. "The Twelve Peaks" of Mt. Wu is towering and graceful and shrouded with varied and fantastic shaped clouds formed by mist. It is really a poetic picture. Closely connected with the Wu Gorge, the Daling River and the Shennong Brook are quieter, deeper, simpler and more primitive, in which the valley is narrower, the water is cleaner, the mountains are greener and the peaks are stranger.

巫峡

「瞿塘はうねうねと続くのが尽きて、巫峡は高くて険しい様を現してくる」。長江は瞿塘峡を出て、大寧河の幅広い峡谷を過ぎてギャラリーのような巫峡に入る。

巫峡は巫山があって名づけられ、西は重慶市巫山県の大寧川の川口に起源し、東は湖北省巴東県の官渡口に止まり、全長45キロメートル、西側は金盔銀甲峡と呼ばれ、東側は鉄棺峡と呼ばれる。

巫峡は曲がりくねって、峡が長く、谷が深い。連なる山峰は秀麗さを競い合い、幾重もの岩石は重なる。巫峡は静寂で秀麗な姿として名が知られる。船に乗って巫峡を通ると、時たま大山が目の前に現れ、河が尽きたのかと疑い、時たま山を曲がれば、川水がうねうねと続く、まさしく「山が塞いでゆく道が尽きたかと疑い、曲がると別天地と変わる。」巫山の十二峰はまっすぐに伸びて秀麗であるばかりではなく、また詩情や絵画の境地に満ち溢れ、十二峰を立ちこめる白い雲は変化極まりない。巫峡と連なる大寧河、神農渓はいっそう静寂で素朴である。その山はもっと狭く、その水はもっと青く、その峰はもっとまれな姿をしている。

Wu Schlucht

„Während die Pracht der Qutang Schlucht hinterlassen wird, kommt die Herrlichkeit der Wu Schlucht in Sicht. " Aus der Qutang Schlucht und durch das breite Tal des Daling Flusses tritt der Changjiang in die Wu Schlucht, die eine natürliche Galerie bildet.

Wu Schlucht, die nach dem Wu Gebirge benannt ist, erstreckt sich westlich von der Mündung des Daling Flusses im Kreis Wu Shan der Stadt Chongqing, östlich zu Guandukou (offizieller Übergang). Die Schlucht mißt insgesamt 45 km. Sie teilt sich in Jinkuiyinjia Schlucht (die Schlucht von goldenem Panzer und silbernem Helm) im Westen und Tieguan Schlucht (die Schlucht von eisernem Sarg) im Osten.

Wu Schlucht strömt im Zickzack zwischen den zahlreichen Gipfeln und Felsen, und ist bekannt für sein tiefes Tal und ruhige Schönheit. Wenn man mit dem Schiff Wu Schlucht passiert, wird man mit zahllosen Flußbiegerungen konfrontiert. Scheinbar ist das Schiff von Bergen versperrt und liegt in einer Sackgasse. Aber plötzlich taucht der Flußweg in anderer Richtung auf und umgeht Bergen. Ihre zwölf Felsgipfel sind nicht nur hoch und anmutig, sondern auch poetisch. Die Felsgipfel werden von phantastischen Wolken gehüllt. Daling Fluß und Shenglong Bach, die sich direkt an Wu Schlucht anschließen, sind ruhiger, tiefer und schlichter. Darin ist das Tal enger, Wasser reiner; Berge sind grüner und Gipfeln mehr faszinierend.

巫峡秋色(2008.11)
The Autumn of Wu Gorge
巫峡の秋景色
Wu Schlucht im Herbst

巫峡夕照
Sunset at Wu Gorge
巫峡の夕焼け
Die Wu Schlucht in Abendrot

巫峡雲烟
The Smoking Clouds around Mt Wu
巫峽雲煙
Die Wolken über der Wu Schlucht

巫峡東口—官渡口
Guandukon (the Official Ferry)
巫峽東側の出口——官渡口
Guandukou -Der Eingang der
Wu Schlucht im Osten

三峡縴夫
Boat Trackers in the Three Gorge
三峡の船引き者
Treidler in der Drei Schluchten

巫峡帆影
Sails in Wu Gorge
巫峡の帆影
Segelboot in der Wu Schlucht

鏈子溪棧道(一)
The Ancient Plank Roads at Lianzi Brook (1)
鏈子渓桟道(一)
Holzsteg in Lianzixi (1)

鏈子溪棧道(二) The Ancient Plank Roads at Lianzi Brook (2)　鏈子渓桟道（二）Holzsteg in Lianzixi (2)

巫峽信號臺
Signal Station of WuGorge
巫峡信号台
Schifffahrtszeichenstation der Wu Schlucht

北岸航標燈
The Pharo on the North Bank
北岸の航路標識灯
Positionslaterne am Nordufer

巫山十二峰

　　"放舟下巫峽, 心在十二峰"。著名的巫山十二峰, 分別位於巫峽中的長江兩岸, 北岸爲: 登龍、聖泉、朝雲、神女、松巒、集仙; 南岸爲: 飛鳳、翠屏、聚鶴、起雲、上昇峰、净壇峰。

　　巫山十二峰除峰形秀麗多姿外, 來去無踪的巫山雲雨, 也爲她增添了許多神秘的色彩。時而峰在雲中, 時而雲在峰中, 雲遮霧繞, 時隱時現, 煞似"神女"、"飛鳳"遨遊幻境。

　　巫山十二峰海拔均在千米左右, 三峽大壩蓄水後, 巫峽水位僅抬高了50餘米, 這絲毫不影響她們挺拔競秀, 且更便於遊客乘船探幽。

The Twelve Peaks of Wu Gorge

　　"Sailing downstream to Wu Gorge. I have my heart only in the twelve peaks of Mt. Wu." The Twelve Peaks are located at the both banks of Yangtze River in Wu Gorge. They are Denglong Peak (the Soaring Dragon Peak), Shengquan Peak (the Holy Spring Peak), Chaoyun Peak (the Morning Clouds Peak), Shennu Peak (the Goddess Peak), Songluan Peak (the Pines Peak), and Jixian Peak (the Fairy-gathering Peak) on the north bank, and Feifeng Peak (the Flying Phoenix Peak), Cuiping Peak (the Green Screen Peak), the Juhe Peak (the Crane-gathering Peak), Qiyun Peak (the Rising Cloud Peak), Shangsheng Peak (the Ascent Peak) and Jingtan Peak (the Purity Temple Peak) on the south bank.

　　Besides the pretty Twelve Peaks, the untraceable cloud and rains in Wu Gorge also provide some mystery of the gorge. Sometimes, the peaks hide in clouds, sometimes, the clouds appear in peaks, like fairy and phoenix fly in the heaven.

　　As the average altitude of the Twelve Peaks is between thousand meters, after the TGP impounded, the water level in Wu Gorge will be raised only 50 m. It cannot influence the pretty Twelve Peaks; moreover, it is convenient for tourists go further into the quiet valley.

神女峰
The Goddess Peak
神女峰
Die Nahaufnahme von dem Shennu Gipfel

1. 登龍峰: (▽1210M)
Soaring Dragon Peak
登龍峰
Der Denglong Gipfel

2. 聖泉風: (▽950M)
Holy Spring Peak
聖泉峰
Der Shengquan Gipfel

巫山十二峰

　「舟放ちて巫峡を下れど、心は十二峰にあり。」有名な巫山十二峰は長江の両岸に並び、北岸には登龍峰、聖泉峰、朝雲峰、神女峰、松ツヘ峰、集仙峰があり；南岸には飛鳳峰、翠屏峰、聚鶴峰、起雲峰、上昇峰、浄壇峰がある。

　巫山十二峰は、山の姿が秀麗多彩であるほか、行方のわからぬ巫山の雲雨も更にその神秘さを増すのである。時には、峰が雲の中にあるかのようで、時には、雲が峰の周りに巡り回って、雲が山を覆い被り、霧が峰を立ち込めて、見えつ隠れつして、まるで「神女」や「飛鳳」が虚幻な世界を飛び回るかのようである。

　巫山十二峰の海抜はいずれも1000メートルの高さで、三峡ダムが貯水して、水位はただ50メートルぐらい上がり、これらの山々の景色に影響を与えることが少しもないだけでなく、観光客は船に乗って風景を眺めるのに、更に便宜を与えたと言えるだろう。

Zwölf Gipfel vom Wu Berg

　Mit dem Boot fährt man zur Wu Schlucht, das Herz sehnt sich nach zwölf Gipfeln. Die bekanntesten 12 Spitzen liegen an den beiden Seiten des Yangtze, an dem Nordufer: Denglong, Shenquan, Chaoyun, Shennu und ixian, an dem Südufer Feifeng, Cuiping, Qiyun, Shangsheng und Jingtan.

　Außer den schönen Formen von Gipfeln sind die zwölf Gipfel vom Wu Berg die Wolken und Regen über dem Wu Berg zu nennen. Sie machen die Gipfel noch geheimnisvoller und reizender. Da kommen plötzlich Wolken zwischen Gipfeln. Manchmal sind die Gipfel in den Wolken verschwunden. Manchmal erscheinen sie wie „Göttin " und „Fliegender Phönix " wandern in der Traumwelt.

　Die zwölf Gipfel liegen alle etwa tausend Meter über dem Meeresspiegel. Nach der Aufstauung des Staudamms ist der Wasserstand nur um 50 Meter gestiegen, was die Schönheit der Gipfel mit ihrer Höhe　nicht beeinträchtigt. Anderseits kann man jetzt leichter per Schiff in die Tiefe der Schlucht fahren, um die Schönheit der Landschaft zu bewundern.

4. 起雲峰: (▽800M)
Gathering Cloud Peak
起雲峰
Der Qiyun Gipfel

3. 朝雲峰: (▽900M)
Morning Cloud Peak
朝雲峰
Der Zhaoyun Gipfel

5. 上昇峰: (▽860M)
High Rising Peak
上昇峰
Der Shangsheng Gipfel

6.飛鳳峰: (▽820M)
Flying Phoenix Peak
飛鳳峰
Der Feifeng Gipfel

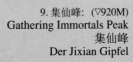

9. 集仙峰: (▽920M)
Gathering Immortals Peak
集仙峰
Der Jixian Gipfel

7. 神女峰: (▽940M)
Goddess Peak
神女峰
Shengnü Gipfel(Geisterfeegipfel)

10. 松巒峰: (▽900M)
Pine-Top Peak
松峦峰
Der Songruan Gipfel

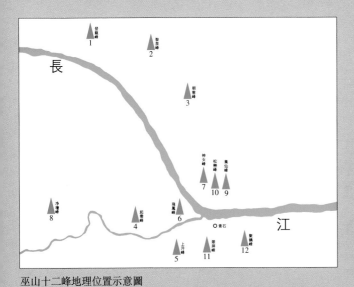

巫山十二峰地理位置示意圖
Location of the Twelve Peaks
巫山十二峰地理場所見取り図
Das geografische Schaubild von 12 Gipfeln des Wu Berges

11. 翠屏峰: (▽820M)
Green Screen Peak
翠屏峰
Der Cuiping Gipfel

8. 净壇峰: (▽1100M)
Clean Terrace Peak
净壇峰
Der Jintan Gipfel

12. 聚鶴峰: (▽900M)
Gathering Cranes Peak
聚鶴峰
Der Ju'he Gipel

巫山雲雨

"曾經滄海難爲水, 除却巫山不是雲", 唐代元稹的這兩句詩道出了古往今來人們對巫山雲雨的贊嘆。

巫山的雲雨, 似烟非烟, 似雲非雲, 似雨非雨, 雨來時, 瞬息間濃雲滾滾, 大雨傾盆, 雨停後, 山野如洗, 峰清巒秀, 縷縷白雲在峽谷間繚繞, 從空中鳥瞰, 巫山群峰就好像是大海中的一葉孤舟。

巫山雲雨是由於特殊的地理環境而形成的。巫峽是東西走向, 日照時間充分, 這裏又是多雨區, 雨後濕氣重, 兩岸群峰矗立, 峽高穀深, 峽內濕氣久久不散, 便形成了聞名天下的巫山雲雨。

The Clouds and Drizzle around Mt. Wu

The clouds and Drizzle around Mt. Wu Yuan Zhen, a poet in Tang Dynasty, once highly praised Mt. Wu "Having been to the vast sea, one will never think of much of the water in a river, and one will find no clouds appealing comparing them with those of the Mt. Wu." The cloud and drizzle around Mt.Wu are really extraordinary and unforgettable."

The clouds around Mt. Wu can not be exactly called cloud nor mist nor haze. Before raining, the thick clouds are billowing for an incident. Then the rain is pouring heavily. After raining, the mountains and peaks are very clear and beautiful just like being washed, and rays of clouds are revolving in the deep and quiet valley. And the peaks and mountains are the sails in the mighty sea from a bird's eye view.

The clouds and drizzle around Mt Wu are formed by the special geographical environment. Since Wu Gorge runs from east to west, Mt.Wu has abundant sunshine time; and since Wu Gorge is the well-known thunder-stricken and stormy area, so after raining, the moisture is very heavy; what's more, the high mountains on both banks and the deep valley make the moisture not easy to disperse. These interactional factors make the clouds and drizzle around Mt. Wu world famous.

巫山雲雨

「かつて滄海を経てこそ水に成り難し、巫山を取り除ければ雲ならず」、唐代詩人元稹のこの句は古今を通じて、多くの人はすっかり巫山雲雨の虜になってしまった気持を現したのである。

巫山雲雨は煙でも雲でも雨でもないが、なんとなくそれと見える。雨が降ると、たちまち濃雲がもくもくと沸き立ち、どしゃ降りの雨となる。雨がやんだら、山川が洗われたかのごとく、山も峰も青々ときれいになり、一つ一つの白い雲は峡谷の合間に漂い、空から鳥瞰すると、巫山の群峰はヌも海に浮かぶ一隻の小船のように見える。

巫山の雲雨は特殊な地理環境によって形成されたのである。巫峡は東西方向に流れていくのだから、日照りの時間が充分であると同時に、多雨のため、雨後の湿気も多く、山々が高くて、峡谷が深いので、中の湿気はなかなか発散できない。それで名の馳せる巫山雲雨が形成されたのである。

Der Wu Berg in Regenwolken

„Wer in der riesigen See geworden ist, will sich keine Gedanken über Wasser im Fluß machen; Wer die Wolken des Wu Gebirges einst erlebt, wird andere Wolken unterlegen finden. "Die beiden Verse von Yuan Zhen der Tang-Dynastie vertritt Anerkennung und Bewunderung über die Wolken und Nieselregen des Wu Gebirges von alters her.

Die Wolken und Nieselregen vom Wu Gebirge sieht wie Rauch aus, aber sie sind tatsächlich kein Rauch; wie Wolke, aber keine Wolke; wie Regen, aber kein Regen. Beim Regen wallen im Nu dunkle Wolken. Dann regnet es in Strömen. Nach dem Regen werden Gipfel so rein wie eben gewaschen. Zwischen den Tälern schweben weiße Wolken. Aus der Vogelschau sind die Gipfeln des Wu Gebirges ganz ähnlich wie ein einsamer Segel auf der See.

Die Wolken und Nieselregen des Wu Gebirges geht auf die speziellen geographischen Bedingungen zurück. Das Gebirge erstreckt sich in westöstlicher Richtung und besitzt reichlichen Sonnenscheinzeitraum. Hier ist es regnerisch. Damit ist die Feuchtigkeit stark. Zudem ragen Gipfeln auf den Ufern, und die Täler sind sehr tief. Deswegen läßt sich die Feuchtigkeit nicht verdunsten. Solche Faktoren führen zu den weltberühmten Wolken und Nieselregen um Wu Gebirge.

雲中神女峰
The Goddess Peak in the Clouds
雲中の神女峰
Der Shennu Gipfel (der Gipfel der Fee)

巫山雲雨
The Clouds and Drizzle around Mt. Wu
巫山雲雨
Der Wu Berg in Regenwolken

巫山大寧河、小三峽

　　大寧河是長江巫峽段的一條支流,它流經重慶市巫溪,巫山兩縣。巫山縣有龍門峽,巴霧峽,滴翠峽組成的小三峽。巫溪也有小三峽,而且風景更勝。在巫山小三峽中還有個小小三峽。峽中有峰皆奇秀,有水盡飛泉。大寧河上的小三峽雖不是三峽,却勝似三峽。

Daning River in Wushan Mountain, and Little Three Gorges

　　Daling River is a branch of the Yangtze River in Wu Gorge, which flows though Wuxi County and Wushan County in Chongqing city. There is a Small Three Gorges in Wushan County,which consist of Longmen Gorge (Gorge of Dragon's Gate), Bawu Gorge (Gorge of Ba's Fog), and Dicui Gorge (Gorge of Dripping Verdure). What's more, there is also a Small Three Gorges in Wuxi County and the scenery there is more beautiful. Amazingly, there is a Smaller Three Gorges in the Small Three Gorges of Wushan, in which the peaks are very strange and beautiful and the water from the spring in the cliff. Is swift in fact, the Small Three Gorges and the Smaller Three Gorges of the Daling River are different from the Three Gorges of the Yangtze River, and better.

巫山の大寧川、ミニ三峽

　　巫山の大寧川、ミニ三峽: 大寧河は長江巫峽の一支流であり、それは重慶市の巫渓、巫山両県を流れる。巫山県には龍門峽、巴霧峽、滴翠峽からなる小三峽がある。巫渓にも小三峽があり、そして風景ももっときれいである。巫山の小三峽の中にさらにミニミニ三峽がある。峽谷の中に峰あればみな秀麗で、水あればどれも飛ぶような滝である。大寧河の小三峽は三峽ではないにもかかわらず、三峽に勝ると言える。

Der Daning Fluss und die Mini Drei Schluchten in der Wu-Schlucht

　　Daling Fluß ist ein Nebenfluß des Chengjiangs in Wu Schlucht, der durch zwei Kreise von Chongqing - Wu Shan und Wu Xi fließt. Die Kleinen Drei Schluchten, die aus Longmen Schlucht (die Schlucht der Drachentor), Bawu Schlucht (die Schlucht des Nebels von Ba) und Dicui Schlucht (die Schlucht der tropfenden Grüne) bestehen, befinden sich im Kreis Wu Shan. Der Kreis Wu Xi verfugt auch über seine kleinen drei Schluchten, deren Landschaft viel schoner ist. In den Kleinen Drei Schluchten liegen noch die kleineren Drei Schluchten. Darin sind alle Gipfeln faszinierend und strahlend schön, springt das Wasser von den steilen Abhängen. Die Drei Kleinen Schluchten sind zwar ähnlich wie die Drei Schluchten, aber schöner als sie.

龍門峽
Longmen Gorge (Gorge of Dragon,s Gate)
龍門峽
Die Longmen Schlucht

小小三峡漂流
Drifting on the Smaller Three Gorges
ミニミニ三峡の漂流
Drift in der kleinen Drei Schluchten

小三峡秋色
The Small Three Gorges in Autumn
秋の小三峡
Die kleine Drei Schluchten im Herbst

逆水行舟
Sailing against the Current
流れを逆らって舟を進める
Gegen den Strom fahrendes Schiff

小三峡縴夫
Boat Trackers in the Small Three Gorges
小三峡の船引き
Treidler in der kleinen Drei Schluchten

小三峡栈道和索橋
The Plank Roads and Rope Bridge in the Small
Three Gorges
小三峡栈道とケーブル橋
Holzstege und die Seilbrücke in der kleinen
Drei Schluchten

馬歸山
Mt. Magui(Mountain of Retuned Horse)
馬帰山
Der Magui Berg

滴翠修竹
Bamboos in Dicui Gorge
滴翠修竹
Gre Bambus in Dicui Schlucht

大昌古鎮城門
Gate of Ancient Dachang Town
大昌古鎮城門
Das Tor der alten Dachang Stadt

龍溪之晨
The Morning of the Dragon Brook
龍溪の朝
Der Morgen in Longxi

大昌古鎮
The Ancient Dachang Town
大昌古鎮
Die alte Dachang Stadt

一綫天
A Thread of Sky
一筋の空
Der Himmelsstreif

鹽泉古鎮——寧廠
Ningchang-ancient city of Yanquan
塩泉古鎮——寧廠
Ningchang -die alte Stadt von Salzquelle

崖棺
Coffins Placed in the Precipices
崖棺
Sarg an Steinfelsen

白龍過江
White Dragon Crossing the River
白龍の川渡り
Der weisse Drachen uberquert den Fluss

巴東

　　巴東座落在巫峽東口, 位於大巴山的東面, 故名巴東。我國古代許多著名詩人都在這裏留下了膾炙人口的詩句。北宋名相寇准 (公元961~1023年)曾任過巴東縣令, 為官三年留下諸多佳話, 所以很多巴東名勝都與寇准有關, 如秋風亭、勸農亭等。

Badong

Badong County is so called because it is located at the east entrance of Wu Gorge and at the east side of Mt. Daba. Many famous poets had left here a lot of poems that win universal praise. The well-known prime minister Kou Zhun in the Song Dynasty once had been the magistrate of Badong County for three years, and during his term he did a lot of good things for the local people. So there many historical sites are closely related to Kouzhun, Such as:Qiufeng Pavillon, Quannong Pavillion and so on.

巴東

　　巴東は巫峽の東口、大巴山の東側に位するゆえ、巴東と名づけられた。中国古代の多くの有名な詩人はそれぞれここで人口に膾炙する詩文を残した。北宋時代の名相寇準 (紀元961~1023年) はかつて巴東県知事になっていた。三年の知事生活をして、数多くの美談を残したのである。だから巴東の多くの名所は寇準にちなんでいる。例えば、秋風亭、勧農亭などはそれである。

Badong

Badong liegt am östlichen Eingang der Wu Schlucht und östlich vom Da Ba Gebirge, bekommt so den Namen Badong. Hier haben viele berühmte Dichter zahlreiche Gedichte geschaffen, die sich allgemeiner Geliebtheit erfreuen. Der bekannte Premier Kou Zhun (961-1023) der Song Zeit war drei Jahre lang als Kreisvorsteher in Badong tätig. Inzwischen leistete er viele Beiträge fur das lokale Volk. Deswegen haben viele Sehenswürdigkeiten hier mit ihm zu tun, wie Qiufeng Pavillon, Quannong Pavillon usw.

巴東夜色
A Night View of Badong County
巴東の夜景
Badong in der Nacht

古代石刻
The Ancient Stone Inscription
古代の石彫り
Steinschnitzerei aus der Antike

無源洞
Wuyuan Cave
無源洞
Die Wuyuan Höhle

秋風亭
Qiufeng Pavillon
秋風亭
Qiufeng Pavillon

神農縴夫　Boat Trackers of Shennong Brook
神農渓の船引き者　Treidler von Shennong Bach

舫公　Boat Trackers
船頭　Bootsführer

神農溪漂流　Drifting on Shennong Brook
神農溪漂流　Drift auf dem Shennong Bach

西陵峽

　　西陵峽, 從湖北省秭歸縣的香溪口起, 到宜昌市的南津關止。全長約76公里, 是三峽中最長的一個峽。它包括兵書寶劍峽, 牛肝馬肺峽, 崆嶺峽, 燈影峽和青灘, 泄灘, 崆嶺灘等著名險灘。

　　西陵峽以灘多流急著稱。船行峽中, 只見礁石林立, 暗礁密佈, 船道迂回曲折, 泡漩汹涌無常。 "青灘, 泄灘不算灘, 崆嶺才是鬼門關"。如今的西陵峽, 由於葛洲壩工程的建成, 水位提高後充分改善了航道, 而兩岸依然群峰競秀, 千巒爭奇, 風光依舊。

　　西陵峽中的主要古迹有: 三游洞、黃陵廟、屈原故里、昭君村等。

Xiling Gorge

　　The Xiling Gorge, which is the longest one of the Three Gorges, stretches from the mouth of Fragrance Brook in Zigui County of Hubei Province in the west to the Nanjin Pass of Yichang City in Hubei Province in the east. It is famous for many gorges and shoals such as: Bingshubiaojian Gorge (Military Book and Sword Gorge), Niuganmafei Gorge (Ox Liver and Horse Lung Gorge), Kongling Gorge, Dengying Gorge (the Shadow Play Gorge), Qingtan Shoal, Xietan Shoal, konglingtan Shoal and so on.

　　The Xiling Gorge had been well known for its numerous shoals and swift torrents. The Qingtan Shaoals, Xietan Shoal, Konglingtan Shoal used to be the most dangerous shoals in the navigation history of the Three Gorges. But since the completion of the Gezhouba Dam Water Conservancy Pivotal Project, these dangerous shoals of the old days have disappear once and for all ,and the sceneries are still as beautiful as before.

　　Other places of historical sites and scenic spots include the Three Tourists cave, Huangling Temple, the hometown of Qu Yuan, Zhaojun Village and so on.

西陵峽

　　西陵峽は湖北省姉帰県の香渓口から、宜昌市の南津関まで全長76キロメートルであり、三峡の中で最も長い峡谷である。西陵峡には兵書宝剣峡、牛肝馬肺峡、崆岭峡、灯影峡と青灘、泄灘、崆岭灘などの名所が見られる。

　　西陵峡は川瀬が多いことでよく知られる。舟で通過すると、暗礁が林立して、航路がうねり曲がって、川水が渦巻きながら音を立てて湧き出ているように見える。昔、ここを通った人は「青灘、泄灘は川瀬ではなく、崆岭こそ地獄の入り口である」と言う。今日の西陵峡は葛洲坝ダムの建設によって水位が上がり、航路の条件も充分に改善された。両岸の景色は依然としてきれいである。

　　西陵峡に主な名所古跡は、三遊の洞、黄陵廟、屈原の里、昭君村などである。

Xiling Schlucht

　　Die Xiling Schlucht beginnt an der Mündung des Duftenden Flusses im Kreis Zigui der Hubei Provinz, endet beim Nanjin Pass. Mit ihrer Gesamtlänge von ca. 76 Km ist diese Schlucht die längste unter den drei Schluchten. Sie umfaßt Bingshubajiang Schlucht (die Schlucht des Schwerts und des Buchs der Waffenkunst), Niuganmafei Schlucht (die Schlucht der Ochsenleber und Pferdelunge), Kongling Schlucht, Dengying Schlucht (die Schatten Schlucht) und gefährliche Untiefe wie Qingtan Untiefe, Xietan Untiefe, Kongling Untiefe usw.

　　Die Xiling Schlucht ist bekannt für zahlreiche Untiefe und stürmische Strömungen. In der Schlucht gibt es überall Kliffe und Riffe. Der Fluß biegt vielmals ab, und läuft heulend. „Im Vergleich zu Kongling Untiefe sind Qingtan Untiefe und Xietan Untiefe nicht mehr gefährlich. " Aber seit der Fertigstellung des Wasserregulierungsprojekts Gezhouba steigt der Wasserstand. Und die Schiffahrt wird damit viel verbessert. Gleichzeitig bleibt die Schönheit der Gipfel auf den Ufern unversehrt. Die Hauptsehenswürdigkeiten in der Xiling Schlucht: Drei Touristen Höhle, Huangling Tempel (der Tempel des Gelben Hügels), die Heimatstadt von Quyuan, Zhaojun Dorf usw.

西陵晚霞
Sunset at Xiling Gorge
西陵峡の夕焼け
Xiling Schlucht im Abendrot

空中看西陵
A Bird's-Eye View of Xiling Gorge
空から見下ろした西陵峡
Anblick der Xiling Schlucht aus der Luft

三峡之光
the scenery of the three Gorges
三峡の光
Landschaft in der Drei Schluchten

九龍奔江
Nine Dragons Galloping across the River
九龍川に飛び込む
Neun Drachen eilen sich zum Fluss

70

西陵早春
The Early Spring of Xiling Gorge
早春の西陵峡
Der Frühling in der Xiling Schlucht

西陵峡古民居
The Ancient Residence at Xiling Gorge
西陵峡にある古い民居
Alte Bauernhäuser in der Schlucht

對我來
A Hideous Reef Called "Coming at Me"
「おれに来い」石
Das Riff im Flusswasser names„Komm zu mir"

三峽航運
Navigation of the three Gorges
三峡の航運
Navigation in der Drei Schluchten

飛來廟
Feilai Temple
飛来寺
Der Feilai Tempel

神農架

　　神農架爲神農溪的發源地, 主峰海拔3105.4米, 有"中華第一峰"之稱。相傳, 中華民族最早的祖先之一神農氏(炎帝)爲拯救黎民百姓, 曾來這裏搭架采藥, 神農架由此得名。

　　神農架南麓群峰突兀, 層巒叠嶂, 穀深林密, 植被葱蘢, 優越的地理位置和濕潤多雨霧的小氣候, 使神農架形成一個動植物種類十分豐富的綠色寶地。神農架原始森林區山高坡陡、溝壑縱橫、古木參天、人迹罕至, 成爲珍禽异獸的天然樂園。

Shennongjia Reserve

　　Shennongjia Reserve is the source of the Shennong River. Its main peak has an altitude of 3105.4 meters,and is famous as "the highest peak in middle China".A story says Shennong(known in legend as Emperor yan),one of the earliest Chinese ancestors, once came here to collect medicine on a ladder in order to help people fight against diseases.Thus Shennongjia Reverse and Shennong River got their names.

　　On the south side of shennongjia Reserve ,there are lines of high mountains and skyscraping peaks.Thick green trees cover those deep valleys and mountains as a cloak.A superior geographic position and rainy and foggy climate make Shennongjia reserve a natural treasure land with many species of animals and plants.In Shennongjia Reserve,there are many high mountains,steep slopes,valleys,ancient trees,and few human beings.It is a natural paradise for rare birds and valuable animals.

神農架

　　神農架は神農渓の発生地で、主峰は海抜3105.4あり、「華中第一の峰である」という言い方がある。話によれば、中華民族の最も早い祖先の一人になる神農氏「炎帝」が庶民百姓を助け救うために、ここに来て足場を掛けて薬を取ったということから神農架と名づけられたのである。

　　「神農架に入って、大自然を抱こう」神農架の南側には、群峰が立ち上がり、山々が幾重にも重なり、谷が深くて森がびっしり、青々とした植物、恵まれた地理場所と湿潤で雨や霧の多い気候条件は、神農架を動植物種類が豊富な緑の地にさせている。神農架原始林地域は山が高く坂が険しく、溝と谷が縦横にあり、古き樹木が茂り、人気が稀に見られるから、見たもののないような鳥獣の天然の楽園になった。

Shennongjia Gebirge

　　Das Shennongjia Gebirge ist der Ursprungsort von dem Shennongxi Fluss. Sein höchste Berg mit der Höhe von 3105.4 m über dem Meeresspiegel wird als „die höchste Bergspitze in Mittelchina" genannt. Der Legende nach sollte Yan Di (Kaiser Yan), einer von den ältesten Vorfahren der Chinesen, hier Kräuter gesammelt haben, um sein Volk gegen Krankheit zu retten. Dabei habe er Gerüst an den Felsen aufgerichtet. Danach wurde das Gebirge benannt.

　　An der südlichen Seite des Shennong Gebirges sind Berggipfel hinter Berggipfel mit vielen Wäldern und tiefen Tälern sowie grünem Bewuchs. Dank der überragenden geographischen Position und des feuchten und regenreichen Kleinklimas ist das Shennong Gebirge ein Schatzkammer von reichlichen Tieren und Pflanzen geworden. Das Urwaldgebiet von Shennong Gebirge ist wegen der hohen Berge, der tiefen Täler, der vielen Rinnen, der üppigen alten Bäumen und weniger Menschen wirklich der Paradies der seltenen und kuriosen Tieren.

神農架金絲猴
Golden monkey of Shennong jia
神農架の金糸猿
Stumpfnasenaffen auf dem Shenlongjia Berg

走進神農架, 擁抱大自然
Wacking into Shennong jia and
Embracing the Natue
神農架に入って、大自然を抱擁せよ
Enge Kontakt zur Natur in
Shengnong jia

西漢才女王昭君

　　王昭君, 中國古代四大美女之一。漢元帝時, 嫁給匈奴呼韓邪單于, 成爲匈奴爲王后。由於昭君和親, 結束了漢匈長期以來的戰爭, 王昭君因此成爲 "和平的使者", 名垂千古。

The Outstanding Talented Beauty Wang Zhaojun in the Western Han Dynasty

　　Wang Zhaojun is one of the four beauties in ancient China. During the reign of Emperor Hanyuan, she married Huhan Xie, chief of Xiongnu, and thus became Xiongnu queen.Zhaojun's marriage with Xiongnu brought an end to the longstanding war between Han nationality and Xiongnu.As a result,Wang Zhaojun is known by later generations as "Peace Envoy".

西漢時代の才女王昭君

　　王昭君、中国古代の四大美人の一人と言われる。漢元帝の時代、匈奴呼韓邪単于の嫁になり、匈奴の皇后であった。昭君の婚姻により漢と匈奴間の長い期間の戦争に終止符を打ち、王昭君も「平和の使者」として長く伝えられてきた。

Wang Zhaojun --Die begabte Schönheit der West-Han-Zeit

　　Wang Zhaojun ist eine von der vier Schönheiten in der chinesischen Geschichte. In der Han-Dynastie schickte der damalige chinesische Kaiser Hanyuan sie an Huhan Xie, dem König von Xiongnu(Vorfahren von Mongolei). Sie wurde dann Prinzessin von Xiongnu. Dank dieser Heirat wurde der langjährige Krieg zwischen der Han Dynastie und den Xiongnu aufgehört. Damit ist Wang Zhaojun als Friedensbote in die Geschichte eingetreten.

昭君宅
The Former Residence of Zhaojun
昭君宅
Das Haus von Zhaojun

秭歸

秭歸縣歷史悠久、地靈人杰、先後誕生了世界文化名人屈原和西漢才女王昭君。這裏還是著名的柑橘之鄉。原秭歸縣城位於長江北岸。因三峽工程的興建、美麗的新秭歸縣城已落户於江南的茅坪。

姉帰

姉帰県は歴史が長く、人と土地が共に優れ、相次いで世界的な文化名人屈原と西漢才女の王昭君を育まれた。ここはまた有名な蜜柑の産地として知られる。元の姉帰県城は長江の北岸に位置していたが、三峡ダム建設のため、美しい新姉帰県城は長江南岸の茅坪に落成した。

Zigui

Zigui County, with a long history and great personalities, is the hometown of Qu Yuan, one of the four well-known literators of the world, and the birthplace of the outstanding talented beauty Wang Zhaojun in the Western Han Dynasty. It also teems with oranges. The old Zigui County is located on the north bank of the Yangtze River, because of the construction of the Three Gorges Project, the beautiful new Zigui County settles at the Maoping County on the south bank of the river.

Zhigui

der Kreis Zhigui hat eine lange Geschichte hinter sich gehabt und ist ein glückverheißender Ort, der grosse Persönlichkeiten hervorgebracht hat. Hier kamen der weltbekannte Dichter Qu Yuan und die begabte Schönheit in der West-Han-Zeit nacheinander zur Welt. Hier ist auch die Heimat von Orange. Die alte Kreishauptstadt liegt an dem Nordufer des Yangtze. Wegen dem Wasserbauprojekt hat man die neue schöne Kreishauptstadt in Maoping am Südufer gelegt.

秭歸原貌
Sailing on Zigui
姉帰から見る帆立て
Segeln in Die Zhigui

秭歸新縣城
The New Zigui County
姉帰の新しい県城
Die neue Stadt von Zhigui

屈原

　　屈原, 名平, 字元, 戰國楚人, 公元前340年誕生於秭歸縣樂平里, 是我國歷史上第一個偉大的愛國詩人。

　　屈原的思想和詩篇, 在我國和世界文化史上都占有重要的地位。他的詩歌被稱爲楚辭, 與《詩經》後稱爲風, 騷二體, 屈原代表作《離騷》《九歌》等詩篇聲貫古今, 名揚中外, 1953年他被聯合國教科文組織列爲世界文化名人。

Quyuan

　　Quyaun, the given name is Ping and styled himself Yuan, who was the people of Chu Kingdom of the Warring States. He was the first patriotic poet in China, who was born in Lepingli , Zigui County in 340 B.C.

　　His works occupy an important place in culture and literature history in China and around the world. The poems he wrote were called The Songs of Chu. The Songs of Chu and The Book of Songs are called Feng and Sao respectively. The representative works of Quyuan are The Song of Leaving and Nine Songs, which are famous around the world. In 1953, he was treated as world cultural famous person by UNESCO.

屈原

　　屈原は、名は平、字は元で、戦国時代楚の国の出身で、紀元前340年に姉帰県楽平里に生まれ、わが国の歴史においてにおいて、最初の愛国詩人である。

　　屈原の思想と詩文は中国ないし世界においても、重要な地位を占めている。彼の作られた詩は「楚辞」と呼ばれ、「詩経」と並んで、「風・騒」というスタイルを持ち、代表作には「離騒」、「九歌」などがあり、これらの作品は古今を通して広く知られ、海内外においても有名である。1953年、国連のユネスコに「世界文化名人」と指定された。

Qu Yuan

　　Qu Yuan, anderer Vorname: Ping, auch Yuan genannt, wurde im Jahre 340 v.Chr. in der Zeit der streitenden Reiche geboren, in dem Chu König war, und zwar in Lepinli im Kreis Zhigui. Er war der erste große patriotische Dichter in der chinesischen Geschichte.

　　Qu Yuans Gedanken und Gedichte behalten eine wichtige Stellung in der Kulturgeschichte von China und der Welt. Seine Gedichte werden auch Lieder von Chu genannt, die als gleichwertig wie „Das Buch der Lieder " angesehen sind, und die beiden sind jeweils dem „Shao " Stil und dem „ Feng " Stil zugeordnet. Qu Yuans Werke wie „Lishao ", „Jiuge " sind auch bekannt in China, und auf der Welt bis heute. So wurde er im Jahre 1953 von der UNESCO als eine der berühmtesten kulturellen Persönlichkeiten der Welt registriert

偉大的愛國詩人—屈原
The Great Patriotic Poet-Quyuan
偉大な愛国詩人である屈原
Qu Yuan — Der große patriotische Dichter

屈原祠
Qu Yuan Temple
屈原堂
Sippentempel von Familie QuYuan

九畹溪漂流

　　九畹溪位於長江西陵峽段牛肝馬肺峽南岸，全長42.3公裏，距秭歸新縣城與三峽大壩僅20公裏。九畹溪水質清澈，兩岸山勢巍峨，長13.2公裏的漂流路綫，落差達90米，經過20餘處河灘，乘皮艇飄流而去，時而飛流直下，水光四濺，衣襟頓濕，令人驚心動魄；時而水勢平緩，微風拂面，悠然而下，平和而又恬静。整個峽穀鳥語花香，猿啼不斷，別有一番野趣

Drifting down Jiuwan (nine zigzags) Stream

　　Jiuwan Stream is located on the south bank of Niuganmafei Gorge, with the length of 42.3 km, 20 km away from the TGP and new site of Zigui County. The stream has over 20 shoals along 13.2 km with 90m drop in elevation. Drifting down the stream with a high speed makes tourists feel excited and floating on the gorge makes tourists feel comfortable. The gorge is full of fragrance of flowers, songs of birds and monkeys.

九畹溪漂流

　　九畹溪は、長江西陵峽の牛肝馬肺峽の南岸に位置しており、全長は42.3キロメートルであり、秭歸の新県城や三峽ダムまでいずれも20キロぐらい離れている。九畹溪の水質は清らかで、両岸の山々が高く聳え立っている。13.2キロにのぼる漂流コースは、落差が90メートルに達し、20ヶ所あまりの川瀬を通る。ボートに乗って激しい流れにしたがって下ると、時には速く上から直下されるような感じで、水玉が跳ね上がり、衣服が濡れて、手に汗を握らせる。また時には水面が穏やかになり、のどかな風が顔を撫でて、船もゆっくりと先へ進み、安穏かつ優雅な思いをしてくる。峽谷内は、鳥がさえずり花が香り、猿の鳴き声があっちこっちから聞こえ、山野の生き生きとした雰囲気を満喫できる。

Mit der StrömungtreibenaufdemJiuwanxi Bach

　　Der Jiuwanxi Bach befindet sich in der Xiling-Schlucht am Südufer der Stierleber und Pferdlunge-Schlucht, und ist 42.3 km lang. Er ist 20 km von der neuen Zhigui Kreisstadt und vom Staudamm des Wasserprojekts entfernt. Das Wasser vom Jiuwanxi Bach ist rein und klar. Die Berge an den beiden Seiten sind abschüssig und gigantisch. Die 13.2 km lange Bootstreibensroute hat einen Höheunterschied von 90 m, an über 20 Untiefen vorbei. Mit einem Luftboot treibt man mit der Strömung blitzschnell abwärts, mal spürt man das schüttende Wasser und helle Lichter, da wird Kleidung nass, was einem den Atmen raubt. Mal kommt das Boot in ruhiges Wasser, im leichten Wind lässt man das Boot langsam treiben, alles ist friedlich und angenehm. Auch in der ganzen Schlucht blühen Blumen und singen Vögeln, und schreien die Affen ununterbrochen, was ein natürliches schönes Bild darstellt.

西陵
Xiling Gor
西陵
Xiling Schluc

三峡第一灣——石牌灣
The First Bay in the Three Gorges-Shipai Bay
三峡第一の湾——石牌湾
Schipai-Biegung--Die erste Biegung in der Drei Schluchten

天生橋
Heaven Produced Bridge
天生橋
Von der Natur gebaute Brücke

黃陵廟是三峽中最大的古建築、原名黃牛祠、宋代文學家歐陽修任夷陵縣令時、改爲黃陵廟。它現存的主體建築系明代萬歷年間（1618年）重建。殿前的石碑上刻有諸葛亮爲大禹治水而題寫的碑文

Huangling Temple, the biggest and oldest ancient building in the Three Gorges, is also called Yellow Cow Shrine. It is said to be built in honor of a divine cow that helped Yu the great in putting the local river under control. But till the Song Daynasty, the scholar Ouyang Xiu the magistrate of Yingling County (today's Yichang) renamed it "Huangling Temple". The present main buildings are the rebuilt structures in 1618. Preserved in front of the hall is the stone inscription written by Zhuge Liang in memory of the great contribution by the ancient anti- flood hero Yu the great.

黃陵廟は三峽に最も大きな古建築である。元々は黃牛祠と言い、宋の時代の文学家歐陽修は夷陵県知事に就いたころ、黃陵廟と改名した。今、現存している主体建築は明の万歴年（1618年）に再建されたものである。大殿の前の石碑には諸葛孔明は大禹が河川を治める功績を記念するため書かれた碑文が刻まれている。

Der Tempel des Gelben Hügels ist der größte Architekturkomplex der alten Zeit in Drei Schluchten. Der Tempel wurde eingentlich "Hausrind Saal" genannt. Als in der Song Zeit der Literat Ouyang Xiu als Kreisvorsteher von Yiling tätig war, ersetzte er den ursprünglichen Namen durch „der Tempel des Gelben Hügels". Die erhaltenen Hauptbauten wurden 1618 in der Ming Zeit rekonstruiert. Auf dem Gedenkstein vor der Heupthalle steht die von Zhuge Liang verfasssene Inschrift zum Andenken der Wasserregulierung von Da Yu.

蓮沱三把刀
The Three-Sword Rocks at Liantuo
蓮脯にある三丁の刀
Drei Steinmesser in Liantuo

黃陵廟
Huangling Temple
黃陵廟
Der Huangling Tempel

金猴看峽
The Golden Monkey
Gazing into the Gorges
キンシ猿の川覗き
Goldener Affe betrachtet die Schlucht

明月峽
The Bright Moon Gorge
名月峽
Minyue Schlucht

金獅洞
The Golden Lion Cave
金獅洞
Die Jinshi Höhle

張飛擂鼓臺
Zhang Fei's Battle Drum Platform
張飛擂鼓台
Plattform für Trommelschlagen von Zhang Fei

三游洞古代題刻
The Engraved Inscription on the Three Tourists Cave
三游洞中の古代の詩、書
Steininschrifte aus der antiken Zeit an der San Dong Höhle

三游洞全景
A Full View of the Three Tourists Cave
三游洞全景
Panorama von San You Höhle

三游洞
The Three Tourists Cave
三游洞
Die San You Höhle (Höhle von drei Touristen)

西陵峡口——南津關
The Mouth of the Xiling Gorge-the Nanjin Pass
西陵峡の出口——南津関
Nanjin Pass formt das Ende der drei Schluchten des Changjiangs

西陵峽口南津關是長江三峽的終點。這裏地勢險要，江面狹窄，素有"雄當蜀道，巍巍鎖荊門"之說。江水至此，奪口而出，江面由300多米陡然增至2200多米，變得平展而遼闊。

Nanjin Pass, magnificently located at the mouth of Xiling Gorge, is the end of the Three Gorges, echoing Kui Gate in the west. Flanked by perpendicular cliffs, it seems to be a big bottleneck checking the waters in the river. As soon as it leaves the Nanjin Pass, the Yangtze River flows into the boundless plain of its lower reaches, expanding its width from 300 meters into 2200 meters. From that point on, it begins to put on a different appearance, as well as to display a different charm, rolling restless in its prolonged eastwards journey into the sea.

西陵峡の川口になる南津関は長江三峡の終点である。ここは地理的な要所で、川の水面は狭くて、昔から「蜀道の雄関に当り、威勢荊門を制す」と言われる。川水はここに来るとわれを争って出てきて、川幅は300メートルあまりからいきなり2200メートルになり、荒れ狂う水も次第に緩やかで広くなってくる。

Nanjin Pass formt das Ende der drei Schluchten des Changjiangs. Der Strom wird hier enger, und das Gelände ist strategisch wichtig und schwer passierbar. Es wird oft gesagt: „Der Pass befindet sich imposant auf dem Weg nach Shu und bildet die erhabene Tor von Jin Yhou." Durch den Pass stromt der Fluß in die Ebene hinaus und kommt zur Ruhe, was die Weite des Flußes von 300m auf 2200m vergrößert.

三峽風情

　　長江三峽不僅風光壯麗、更有着誘人的三峽風情。這裏有美麗的桃花魚; 這裏是國寶中華鱘繁衍生息之地; 這裏有土家姑娘優美的巴山舞姿和哭嫁習俗。在峽江兩岸、有從碼頭鋪成的長長的石階一直通往山坡上的古鎮。在地無三里平的巴東, 你可以看到一個背簍的世界。到了秋收的季節, 無論你走進哪條山穀, 都能看到滿山壓滿枝頭的金橘。在農家吊角樓上, 挂着一串串的薰臘肉。每年農曆五月初五端陽節, 秭歸都會舉行熱火朝天的龍舟賽, 届時, 長江停航, 龍舟競發, 浪花飛濺, 鑼鼓聲、號子聲、兩岸的鞭炮聲、呐喊聲匯成了一曲高昂的交響樂。

The Folkways of the Three Gorges Region

　　The Three Gorges, a splendid scenic spot, also has its attractive folkways. There are beautiful minnow, called "peach fish" in Chinese, treasured Chinese Sturgeon, graceful dance of the Tujia nationality and the unique wedding custom that before she is married off, the bride has to force a weep for half a month until she is carried on the back and put into a sedan chair. While the long steps from the wharf to the ancient town on the slope will lead you to Badong County, and you will find yourself in a world of baskets carried on the back. In the harvest time, you can see abundant golden oranges on the branches all over the mountains no matter which valley you go into. On the farmers' turret houses, there hung up branches of bacon. Every year during the Dragon Boat Festival, May 5th in the lunar calendar, there will be the exciting dragon boat races. At that time, the shipping service will be suspended, and hundreds of boats compete with one another, water spraying, oars paddling, fireworks cracking, people crying and shouting, and drums, gongs and trumpets resounding to the skies, making a sonorous symphony.

三峽風情

　　長江三峽は山水壯麗ばかりではなく、人を引き付ける三峽風情が滿喫できる。ここには美しい「桃花魚」がおり; ここは国宝と称される「中華鱘（中華チョウザメ）」の棲む地であり; ここには土家族娘の優雅な巴山踊りの姿と花嫁の泣き崩れの慣わしがある。峽谷の両岸には埠頭から長々と敷かれた石の階段が山の上にある古鎮伸びていく。地面でこぼこした巴東では「背かご」の姿は至る所で見られる。秋になるとどの山に入っていっても山いっぱいに枝もたわわに実っている金色の蜜柑が目に入る。農家の「吊脚楼（土家族ふうな簡素的な住宅）」に燻製したお肉がいっぱい吊るされているのが見られる。毎年の端午の節句に、 帰で盛大な龍舟こぎのイベントが行なわれ、その時、長江の航行すら止まり、龍舟が一斉にスタートし、波のしぶきが飛び散り、どらや太鼓の音、かけ声、両岸の爆竹の音、叫び声などは激昂な交響曲となる。

Landschaft von Drei Schluchten

　　Die Drei Schluchten verfügt nicht nur über die herrliche Landschaft, sondern auch über die attraktiven Sitten und Gebräuche. Der schöne "Pfirsich Fisch" (eine Art von Karpfen) und der seltene chinesische Stör leben hier. Auf diesem Gebiet gibt es wunderschöne Tanz der Tujia Nationalität und die einzigartige Hochzeitssitte, dass die Braut einen halben Monat lang vor der Hochzeit weinen muß. Vom Kai führen unzählige Treppen zu der alten Kleinstadt. In Badong, wo es keinen ebenen Boden gibt, fühlte man sich in einer Welt von Ruckkörben versetzt. Bei der Erntezeit im Herbst kann man überall in den Bergen reichliche goldene Orangen auf den Zweigen sehen, wenn man irgendein Tal betritt. An den hängenden Holzfachwerkhänsern sind geräucherte Pökelfleischstücke zu sehen. An jedem 5. 5. nach der Mondkalender - dem Drachenbootfest findet aufregendes Drachenbootrennen in Zigui statt. Zur Zeit wird der Schiffstransport auf dem Changjiang unterbrochen. Hundert Drachenboote konkurrieren sich miteinander. Da spritzen Gischte. Die Töne von Trommeln, Gongs, Arbeitsliedern, Feuerwerkskörpern und Beifallsruf werden zu einer Symphonie.

官渡口古渡
The Ancient Official Ferry
官渡口で見られる昔からの船渡り
Guandukou -Der alte bergang

波光船影
Boats in the Glittering Water
波の光に船の影
Widerspiegelung von Boot auf Wellen

清江帆影
Sails in the Clear River
清江帆影
Segelschatten im sauberen Fluss

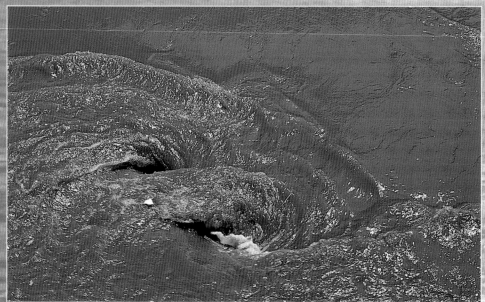

對漩
The Opposite Swirls
ダブル渦
Strudelpaar

驚濤拍岸
The Terrifying Waves Beating against the
Bank
怒涛岸に押し寄せ
tosende Wellen schlagen Ufer

三峡水

　　三峡之水以奇、險著稱。三峡水道狹窄、江流湍急、在河床復雜的江面上每每會出現翻騰如沸的泡漩和橫流水、眉毛水、跌水等等、可謂妙趣橫生、令人望而生畏。

Water in the Three Gorges

　　Water in the Three Gorges is famous for its fantasticality and sinisterness. Because of the narrow water passage and the complicated riverbed, the running rapids are sometimes forced into swirls and crosscurrents. It is really amazing but terrifying.

三峡の水

　　三峡の水は珍しさと危険さとして有名である。三峡の水道は狭く、流れは急で、川床の複雑な水面にはよくも沸かされているお湯のような泡渦が湧き出て、また「横流水」、「眉毛水」、「畳水」なども所々に現れ、妙趣に満ちると同時に見ただけで恐ろしくなる。

Das Wasser in den Drei Schluchten

　　Der Flußstrom in den drei Schluchten ist von seiner Faszination und Gefahr charakterisiert. Wegen des engen Flußes und der Kompliziertheit des Flußbettes strömt der Fluß sehr reißend und entsteht damit Strudel, Wirbel, Wasserfall u.a. Wirklich ist es interessant, aber gefürchtet bei diesem Anblick.

峡江泡漩
Swirls in the Three Gorges
三峡流れの渦
Schaumstrudel in der Drei Schluchten

三峽石

　　海陸變遷造就了三峽極爲豐富的地質現象，所以三峽之石有的嶙峋峥嵘，挺聳高空；有的兀立江心，劈波斬浪；更有的小巧玲瓏，如珠似玉，灑滿灘中。在三峽中，枯水季節與洪水季節水位最高相差50米，年復一年的江水衝刷，造成了兩岸奇特的地貌，每當枯水季節，露出水面，十分壯觀。現在這些已成爲水下的三峽。

Three Gorges Rock

　　Sea-to-land transformation has created complicated geological phenomena in the Three Gorges. This has given birth to unique rocks there, some are rugged, steep and soaring up; some stand in the center of river, cutting off waves and tides; and some are small and exquisite, resembling pearls and jades along shoals. In the Three Gorges, the water level difference between dry season and flood season is 50m. Washout by water in river year after year has created unique land features on both banks, which show up above water stately and majestic during dry seasons but will be covered underwater after water storage.

三峽石上的"長江三峽"
The Three Gorges of the Yangtze River in the
Cobble of the Three Gorges
三峽石の中の［長江三峽］
Drei Schluchten an Drei Schluchtenstein

三峽の石

　　豊かな「三峽」地形は海陸の変遷によって形成されたのである。したがって、「三峽」岩石は高く、険しく聳え立っているものがあれば、流れの中に波を割り切り、直立してるものもある。さらに、緻密精巧で真珠や玉のように河原の一面に広がっているものもある。三峽では、渇水期と洪水期の水位差は最高50メートルにも達するといわれる。長年に亘る川水の浸食によって、両岸に奇異の地形が造られた。渇水期になると、それは水面に現れ、とても壮観な景色になる。しかし、現在は、それらはすでに水中「三峽」になってしまったのである。

Die Steinhauerei in den Drei Schluchten

　　Die Wandlung vom Meer zum Land haben vielfältige geologische Erscheinungen in den Drei Schluchten geformt. So sind manche Steine in den Drei Schluchten zerklüftet und ragen zum Himmel; manche stehen allein im Fluss und spalten Strömung und Wellen. Die anderen sind fein und zierlich, wie Perle auf den Stranden zerstreut. In den Drei Schluchten lag der höchste Wasserstandunterschied zwischen der Regenzeit und Trockenzeit bei 50 Meter. Wegen der Abtragung durch Fluss von Jahr zu Jahr ist die besondere Bodengestalt auf den beiden Seiten des Flusses gebildet Bei Trockenzeit ragte sie aus dem Wasser und zeigte ein imposantes Bild. Aber jetzt ist sie schon ein Teil der Drei Schluchten unter dem Wasser geworden.

三峽工程壩基中發掘的夫妻石
The Man-and-Wife Stone Found in the Three Gorges Dam Base
三峽ダム工事の底部から掘り出した夫妻石
Ehepaarstein, der bei Baustelle des Wasserprojekts in Drei Schluchten ausgegraben ist.

沉睡八億年的江底岩石
The Sleep-at -the -River-Bottom-for-800 million-Year Rock
八億年も眠れた川底の岩石
Der 800 millionenjährige Stein aus dem Flussbett

菊花石
The Chrysanthemum Cobble
菊模様の石
Chrysanthemenstein

三峡震旦角石
The Zhendan Hornstone of the Three Gorges
三峡震旦角石
Eckige Stein aus der Sinia-Periode der Drei Schluchten

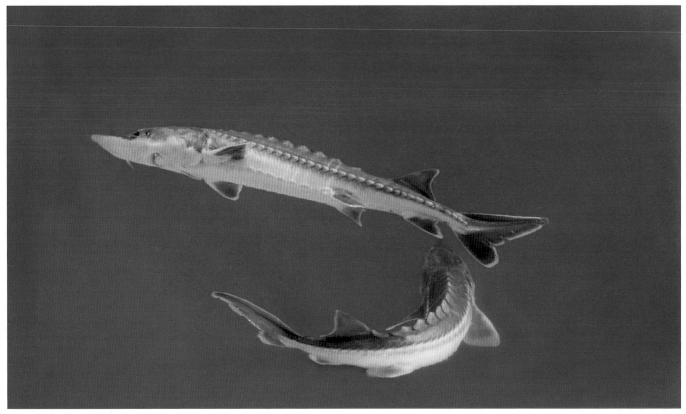

中華鱘(中華鱘體重達500多公斤, 是地球上現存最古老的脊椎動物之一, 古鱘化石出現在中生代白惡紀, 距今約14000萬年。它生在金沙江, 長在大海。每年秋天, 它逆水沿長江而上3000多公里到金沙江產卵, 然后又游回大海生長。

Chinese Sturgeon: it is more than 500 kg weight. It is the oldest amniote that living around the world. It appears from Mesozoic the Cretaceous Period, which is 1.4×10^8 years from today. It was born in Jingshajiang River and grows in the sea. Every autumn, they will spawn in the Yangtze River, and then the fish fries will grow in the sea.

中華チョウザメ：中華チョウザメの体重は500キロ余りに達し、地球上現存する

最古の脊椎動物の一つで、古いサメ化石は中生代白亜紀に現れ、今から数えて、14000万年になる。中華チョウザメは金沙江に生まれ、海で育つ。毎年の秋になると、長江の流れを3000キロも溯って金沙江へ産卵しに行き、それから海に戻って成長する。

Der Chinastör: Sein Gewicht kann über 500 kg erreichen. Er ist eins der ältesten Wirbeltiere der Welt, die noch existieren. Man hat Fossile vom alten Stör aus der Kreidezeit, die vor 140 Mill. Jahren war, schon ausgegraben. Der Chinastör lebt im Jinshajiang, dem Oberlauf vom Yangtse, er wächst aber im Meer auf. Jeden Herbst schwimmt er gegen den Strom aufwärts über 3000 km zum Jinshajiang, um abzulaichen. Dann kehrt er ins Meer zurück.

小三峡猴群
Groups of Monkeys in the Small Three Gorges
小三峡の猿の群れ
Ein Rudel Affen in der kleinen Drei Schluchten

桃花魚
Peach Fish (Minnow)
桃花魚
Pfirsichblüte-Fisch

蛟龍年年覓忠魂，每逢端午祭屈原
Every year the dragon will search Qu Yuan's faithful soul in the river ,
Every year during the Dragon Boat Festival people will hold a memorial
ceremony for Qu Yuan

ミズチは年々忠魂を探す,端午の節句になると屈原を祭る
Das jährliche Drachenbootsspiel soll die Suche nach dem Geist von
Qu sein Die jährliche Gedenkfeier fär Qu Yuan zu Drachenbootfest

鼓兒車
Drum Wheel
土家族のする太鼓形の踊り
Trommelwagentanz

包粽子
Making Zongzi
粽作り
Man macht Zongzi (ein in Bambus-oder Schilfblätter eingewickeltes
Klebreisklößchen)

迎親
Yingqin (Meeting the Bride at the
bride's home and escort her to the
bridegroom's home for the wedding)
嫁迎え
Hochzeitsfeier

吞口起源於三峽古巴人對神的崇拜，它挂在房屋的正門上，用以驅妖避邪，祈求神靈保佑自己家庭人、財的平安。

Tunkou originates from worship for godness. It is usually hung above the front gate in order to wipe out all evils and pray for peace among humans.

「吞口」は三峡地方古代の一人が神様に対する崇拝に起源し、それを家の正門に掛けて、妖怪を追い払い、魔をよけ、神様に自分の家庭と財産を守ってくれることを祈るために使う。

Der Ursprung vom Tengkou geht auf die Gotzenkult des Ba-Volksstamms der antiken Zeit in Drei Schluchten zurck. Man hngt es an dem Haupttor, um Hexen zu beseitigen und Gott zu beten, damit die Familienangehrigen und das Reichtum der Familie geschtzt werden.

土家族織女
Weaving-Girl of Tu Ethnic Group
織物をする土家族の娘
Weberin der Tujia nationalen Minderheit

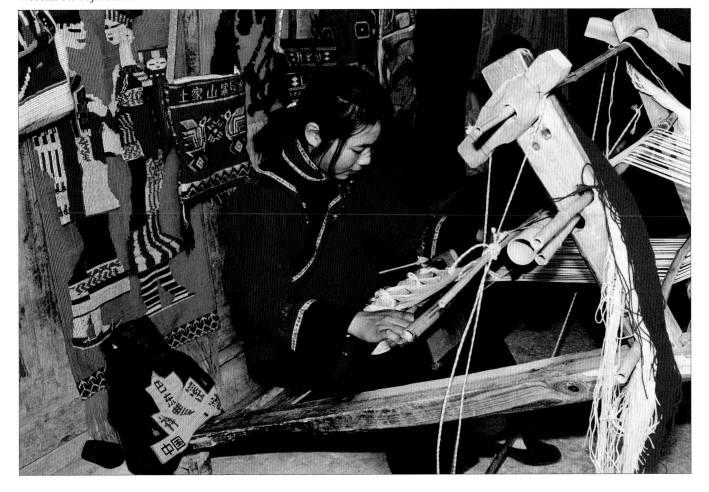

巴東木蓮樹(1907年英國皇家協會組織英、美、法等國聯合考察長江，首次在湖北巴東發現這種植物，從此聞名天下，被列爲珍稀瀕危植物，因僅發現3株，故被稱爲活化石。1986年郵電部發行了巴東木蓮紀念郵票和小型張各一枚。)

Badong-Lottosblumenbaum:Wood lotus in the year 1907, the British Royal Academic Association organized a group of expert from England, America and France to investigate the Yangtze River. They found this rare plant in Badong County, at the first time. As there existing only 3 plants, so it is treated as living fossil. In the year 1986, government designed a set of memorial stamps about this lotus.

巴東木蓮:1907年イギリスロイヤル協会がイギリス、アメリカ、フランスなどの国の連合調査団を組んで、長江を調査する時に初めて湖北の巴東でこの植物を見つけ、その時から世に知られ、珍奇かつ危篤な植物に指定された。3本しか見つけなかったので、生きた化石と呼ばれる。1986年、国家郵便電信部は巴東木蓮の記念切手と葉書をそれぞれ一枚ずつ発行した。

Badong-Lottosblumenbaum:1907 hat die Loyal Sociaty von England Experten aus England, Amerika und Frankreich zu einer Expedition zum Yangtse organisiert Dabei wurde diese Pflanze zum ersten Mal in Badong von Hubei entdeckt. So wurde sie weltbekannt. Er zählt zu den von Aussterben bedrohten Pflanzen. Bisher hat man nur drei davon gefunden, so nennt man ihn ein lebendiges Fossil. 1986 hat das Ministerium für Post eine Gedenkmarke und eine Miniaturausgabe vom Badong-Lottosblumenbaum ausgegeben.

猫頭鷹
A Bird of Minerva
猫頭鷹
Eule

秭歸鳥
A Kind of Bird Living in Zigui
姉帰鳥
Eichelhäher

索橋
Rope Bridge
ケーブル橋
Seilbrucke

土家巴山舞(土家族民俗舞蹈)
Dancing in Tu Ethnic Group Style
土家族の踊る巴山踊り
Der volkstümliche Bashan- Tanz der Tujia nationalen Minderheit

放河燈(農歷7月7日晚上, 土家情人節放河燈)
Sending Lighting Boat on July Seventh (Lunar Calendar)
が川に灯篭を流す:旧暦七月七日の夜、土家族の若い男女が川に灯篭を流す
Am Abend vom 7. 7. nach dem Mondkalender , dem Valentinstag für die
Tujia nationale Minderheit, werden Laterneboote in den Fluss gesetzt.

金釵負水
Carrying Water Beauty
水を背負う小娘
Eine Wasser tragende Frau

橘林姐妹
Sisters in the Orange Orchard
蜜柑林にいる姉妹
Beide Schwestern am Orangenbaum

趕集
Going to rhe Market
市場に出かける
Zum Markt

川江洗衣女
Washing-Girl beside Chuang River
川江で服を洗う女性
Waschfrauen am Yangtse

寧河之晨
Morning of the Ning River
寧河の朝
Der Morgen von Linghe

三峡集市
Three Gorges Fair
三峡の市場
Ein Markttag in den Drei Schluchten

103

三峡工程

　　三峡工程是當今世界上最大的水利樞紐工程, 壩址位於西陵峽中段的宜昌市三鬥坪。

　　三峡工程主要攔河大壩、水電站、船閘等三大部分組成。攔河大壩全長2309.47米, 壩頂高程185米, 正常蓄水位175米; 總庫容393億立方米, 其中防洪庫容221.5億立方米。能有效地攔截長江上游的洪水, 極大地提高了長江中下游的防洪能力。水電站共安裝26臺機組, 單機容量爲70萬千瓦; 總裝機容量1820萬千瓦, 年發電量847億千瓦時;大壩建有雙綫五級船閘和一綫一級升船機, 可通過萬噸級的船隊。

The Three Gorges Projection

　　The Three Gorges Project, the largest water conservancy pivotal project in the world today, is located at Sandouping of Yichang City in the middle part of Xiling Gorge.

　　The Three Gorges Project consists of three major structures, including the dam, the powerhouses and the shiplocks. The dam is 2309.47 meters long, with the crest at elevation 185 meters. The normal pool level of the reservoir is EL 175 meters and the total storage capacity 39.3 billion cubic meters, of which 22.15 billion cubic meters is for flood control. So the dam can effectively hold up the flood from the upper reach of the Yangtze River and improve the flood control capacity of the middle and lower reaches. The powerhouses have been equipped with 26 units of generators of 70×10^4 kw each, with a total capacity 0f 18.2 million kw and annual output of nearly 84.7 billion kwh.The dam has been equipped with twin 5-flight ship locks, which can adequately handle tows up to 10,000 tons , and one-step vertical shiplifts, which can provide immediate service for any vessels under 3,000 tons.

三峡ダム工事

　　三峡ダム工事は今日世界で最も大きな水利中枢プロジェクトであり、ダムは西陵峡中間の宜昌市三斗坪に位置している。

　　三峡ダム工事は主に川せき止めダム、発電所、船閘門などの三大部分からなる。川せき止めダムは全長2309.47メートルで、高さは185メートルである。正常の貯水水位は175メートルである。ダム貯水池の総容量は393億立方メートルで、内には洪水防止の貯水容量は221.5億立方メートルである。これで長江上流からの洪水を有効的に止めることができるばかりではなく、長江中・下流の洪水防止能力を大いにあげるのである。発電所には26台もの発電ユニットが据え付けてあり、一台の容量は70万キロワットで、総容量は1820万キロワットになる。年発電量は847億キロワット時である。ダムには往復5級の船閘門と片道一級の船用昇降機は建てられ、万トンクラスの船隊が通過できる。

Das Wasserbauprojekt der Drei Schluchten des Yangtze

　　Das Wasserbauprojekt der Drei Schluchen ist das größte Wasserbauprojekt auf der Welt. Der Damm befindet sich in der Mitte der Xiling Schlucht Sandouping von der Stadt Yichang.

　　Das Wasserbauprojekt der Drei Schluchten besteht hauptsächlich aus Staudamm, Wasserkraftwerk und Schiffschleuse.Der Staudammlänge misst 2309, 47m, und die Staudammhöhe 185m. Das Fassungsvermögen des Stausees wird bei normalen Wasserpegel von 175m, ca. 39, 3 Milliarden m^3 betragen, dabei 22, 1 Milliarden m^3 für die Hochwasserfassung. Der Damm wird effektiv das hochwaser vom Oberlauf des Yangtze sperren, was das Hochwasserschutvemögen im Mitte-und Unterlauf des Yangtze sehr verstärken wird.Im Wasserkraftwerk werden 26 Generatoren installiert. Jeder Generator hat eine Leistung von 700 MW, so dass sich eine Gesamtleistung von 18200 MW ergibt. Die järliche Stromerzeugung wird 84,7 Milliarden MWh

三峡工程原始地貌圖
The Origingal Look of the TGP Site
三峡ダム工事原始地形図
Das ursprungliche Topographiebild des
Wasserbauprojekts in der Drei Schluchten

erreichen. Am Staudamm werden eine 5-stufige Dopp-elschiffsschleuse
und eine einbahnige einstufige Schiffhebemaschine gebaut. So kann die
Flotte bis 10000 tüer die Mauer fahren.

長江三峡工程目標圖
The Blueprint of the Three Gorges Project
長江三峡工事目標図
Das Vorstellungsbild vom Wasserbauprojekt der Drei
Schluchten des Yangtze

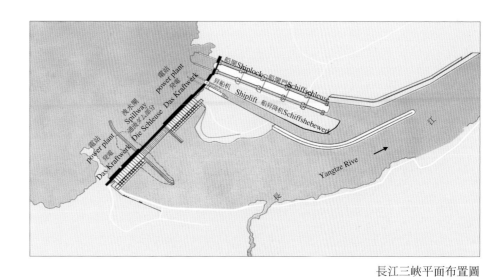

長江三峡平面布置圖
Layout of the Three Gorges Project
三峡ダム工事平面見取り図
Grundriss des Wasserbauprojekt der Drei Schluchten

105

三峡水利枢纽工程
The Three Gorges Water Conservancy Pivotal Project
長江三峡水利中枢プロジェクト
Das Wasserbauprojekt der Drei Schluchten des Yangtze

"更立西江石壁, 截斷巫山雲雨, 高峽出平湖"
Walls of stones will stand upstream to the west. To hold back Wushan's clouds and
rain. Till a smooth lake rises in the narrow gorges.
更に西の方、川に石の壁を立て、ホラノスの雲雨をせきとめて、高き峽に平なる湖を作り出せる。
"Eine Steinmauer wird im Westen aufsteigen, so werden Wolken und Regen ber
Wushan abgeschnitten, dann erscheint ein ruhiger See in Schluchten."

宏偉的三峽工程
The Grand Three Gorges Project
雄大な三峡ダムプロジェクト
Das grosse Drei Sehluchten-Projekt

　　三峽工程通航建築物是解決長江航運中輪船如何通過三峽大
壩的設施。三峽大壩上游最高水位爲175米，下游最低水位爲62
米，上下游水位相差113米，三峽永久船閘采用了五個梯級來分
解這113米落差。

The navigation facilities of TGP are facilities to deal with the
problem of hoe ship sail through TGP. The max. upstream water level
of TGP is 175 m, and the miniature water level of down stream of TGP
is 60 m. There are 113 meters' distances between them. The permanent
shiplock uses 5 stages to disassemble 113 meter's fall. Every line of
the shiplock consists of five lock chambers, transportation system,
spillway system and strobes.

　　三峽ダム工事の通航建築物は長江水運において船舶がいかに三峽
ダムを通るかの問題を解決するための施設です。三峽ダム上流の最高水
位は175メートル、下流の最低水位は62メートルで、上下流の水位差は
113メートルにも達します。三峽ダム工事中の永久船用閘門は五階段の
方式を用いて、この113メートルの落差を分解します。

Die Schleusenbauwerke des Projekts dient zur Lösung, wie Schiffe
den Staudamm passieren können. Der maximale Wasserstand oberhalb
des Staudamms liegt bei 175 Meter, während der minimale Wasserstand
unterhalb des Damms 62 Meter beträgt. Die Differenz zwischen den
beiden beträgt 113 m. Die permanenten Schleusen des Projekts bestehen
aus 5 Stufen, um die Differenz von 113 m zu beseitigen.

三峽工程截流三角體
The Pyramid-Shaped Stone used in Damming
三峽ダム堰止め三角
Dreieckige Betonskörper für die Flusssperrung
de Wasserbauprojekts

垂直升船機好似一座大型水上電梯，一次可通過一條三千噸級的客貨輪船，在30分鐘內實現一次快速升降，其最大升降高度113米，也是當今世界上規模最大，難度最高的升船機。

The shiplift is like a water elevator. It can handle a 3000-ton passenger ship per time in 30 minutes. The highest elevation is 113 meters. This is the most gigantic and technically complex shiplift around the world.

垂直船用昇降機は大型の水上エレベーターのようで、1回で3000トンクラスの客・貨物船が通過できます。1回の快速昇降は30分以内で実現できます。その最大な昇降高さは113メートルで、これも現在世界においても規模が最も大きく、難度が最も高い船用昇降機です。

Um den Staudamm rascher zu passieren, wird das vertikale Schiffshebewerk zur Verfügung gestellt werden, das wie ein großer Lift auf dem Yangtse einmal innerhalb von 30 Minuten maximal um 113 Meter ein 3 000 Tonnen schweres Fracht- oder Passagierschiff heben und senken wird. Damit zählt dieses Schiffshebewerk zum größten und kompliziertesten Schiffshebewerken auf der Welt

壇子嶺
Tanziling Ridge
壇子嶺
Der Tanziling-Hügel
(Hügel des Tontopfes)

防洪

　　三峽工程是長江中下游防洪體系中的關鍵性骨干工程, 三峽工程正常蓄水位175米, 相應總庫容393億立方米, 在每年的洪水季節, 根據防洪需要, 三峽工程可以將水位從正常蓄水位175米降到防洪水位145米運行, 騰出221.5億立方米的庫容, 來攔蓄長江上游來的洪水中超出長江中下游安全泄洪的部分。采用"消峰滯蓄"的方式, 使洪峰通過大壩後, 峰值降低約30%, 從而有效地控制長江向中下游宣泄的洪水。

Flood Control

TGP is a backbone project in flood control system to protect the area in the middle and lower reaches of the Yangtze River. The normal pool level is 175 m, the total storage capacity is 393×10^8 m^3. In every year's flood season, the pool level will be reduced to the flood control level (145m). this can empty 221.5×10^8 m^3 storage capacity to store flood from the upstream, according to demand of flood control. In this way, after flood run through the dam, it will be reduced by 30 percent to effectively control the flood of the Yangtze River from the upstream to the middle and lower reaches.

水防

　　三峽ダム工事は、長江中・下流の洪水を防ぐ鍵となる重要なプロジェクトです。三峽ダムの正常貯水位は175メートルで、それに相応するダムの貯水量は393億立方メートルです。毎年の増水季節に、水防の必要に応じて三峽ダムは、その正常な貯水位の175メートルから水防水位の145メートルに下げまして、221.5億立方メートルのダム容量を空けて、長江上流からの洪水中に含まれた長江中・下流の安全を脅かす部分を止めることができます。「洪水の最高水位を取り消して、ダムに止めておく」という方法をとって、洪水の最高水位がダムを流れ出てから、最高水位が30％も下がり、長江中・下流への洪水を有効にコントロールすることができます。

三峽工程泄洪
Flood Discharge from the Prijecct
三峽工事の排水
Hochwasserablauf

Hochwasserschutz

Das Drei-Schluchten-Projekt ist das Schlüsselbaup-rojekt im Hochwasserschutzsystem des Mittel- und Unterlaufes. Der Normalwasserstand des Stausees liegt bei 175 m. Da beträgt die Speicherkapazität des Stausees 39,3 Mrd. m³. Vor jeder Hochwasserzeit kann das Drei-Schluchten-Projekt den Wasserstand vom Normalwasserstand von 175 m auf den Wasserstand für Hochwasserschutz von 145 m absenken, so dass eine Speicherkapazität von 22,15 Mrd. m³ freigegeben wird, damit das Hochwasser vom Oberlauf des Yangtse, das wegen der Sicherheit des Mittel- und Unterlaufes nicht übergeleitet wird, sondern gespeichert wird Dadurch wird der Spitzenwert des Hochwassers nach der Überschreitung des Damms um 30% vermindert, so dass das nach unten abgeleitetes Hochwasser wirksam kontrolliert wird.

電力外送
Generating Electricity
電力の輸送
Ableitung des Stroms

萬里長江第一壩──葛洲壩

　　葛洲壩工程規模宏偉, 是世界上大型水電站之一。這項工程及永久設備全部由中國自行設計、施工、制造和安裝。工程主要由攔河大壩, 三座船閘、兩座水力發電廠、27孔泄洪閘、大江衝砂閘、三江衝砂閘等組成。大壩全長2606.5米, 壩頂高程70米, 最大上下游水位落差27米, 設計蓄水位66米, 水庫庫容15.8億立方米。

The Gezhouba Project

　　The Gezhouba Project is one of the largest hydraulic power stations of the world. The permanent equipments and structures are designed, produced and installed by China. The project consists of dam, 3 shiplocks, 2 power plants, spillway dam with 27 holes, the silt sluice dam of Dajian and the silt sluice of Sanjiang. The dam is 2 605.6 meters long, with the crest at elevation 70 meters. The max. difference between up- and down stream is 27 meters. The designed storage pool level is 60 meters, the store capacity is 15.8×10^8 m^3.

万里長江にできた最初のダム──葛州坝

　　葛州坝ダム工事は規模が壮大で、世界の大型発電所の一つです。このプロジェクトの実施及び永久設備などはすべて中国が自分で設計、施工、製造と据え付けを行いました。工事の主な内容は川堰き止めダム、船用閘門が3基、水力発電所が二つ、排水閘門が27、大江排砂閘門と三江排砂閘門からなっています。ダムの全長は2606.5メートル、高さは70メートル、上下流の最大水位の落差は27メートル、設定貯水位は66メートル、ダムの容量は15.8億立方メートルです。

Das Gezhouba-Wasserprojekt --Der erste Staudamm auf dem tausend Meilen langen Yangtse

　　Das Gezhouba-Projekt war ein großartiges Projekt und gehört zu den grössten Wasserkraftwerken auf der Welt. Das Projekt und seine Anlagen sind von Chinesen selbst entwickelt, gebaut, angefertigt und installiert. Das Projekt besteht aus dem Staudamm, drei Schiffsschleusen zwei Wasserkraftwerken 27 Hochwasserabläufe Sandablaufesschleuse in Dajiang und in Sanjiang u.a. Der Staudamm ist 2606,5 m lang, die Höhe der Staumauer 70 m, die Differenz des Wasserstandes zwischen dem Oberlauf und dem Unterlauf beträgt 27 m, der Normalwasserstand 66 m, die Speicherkapazität 1,58 Mrd. m³.

三峽古詩選

瞿 塘 峽

早發白帝城
(唐)李白

朝辭白帝彩雲間，
千里江陵一日還。
兩岸猿聲啼不住，
輕舟已過萬重山。

夔州歌十絕句(一)
(唐)杜甫

中巴之東巴東山，
江水開闢流其間。
白帝高爲三峽鎮，
瞿塘險過百牢關。

瞿塘峽
(清)張問陶

峽雨濛濛竟日閑，
扁舟真落畫圖間。
縱將萬管玲瓏筆，
難寫瞿塘兩岸山。

白帝城
(清)傅作楫

瞿塘峽口彩雲間，
白帝城南不可攀！
西控巴渝收萬水，
東連荊楚壓群山。

進 峽
(清)張衍懿

峽自彝陵束，江從白帝懸。
兩岸如劍立，百丈入雲牽。
石出疑無路，雲開別有天。
往來頻設險，行千里茫然。

長 江
(唐)杜甫

衆水會涪萬，瞿塘爭一門。
朝宗人共挹，盜賊爾誰尊？
孤石隱如馬，高蘿垂飲猿。
歸心異波浪，何事即飛翻。

夜入瞿塘峽
(唐)白居易

瞿塘天下險，夜上信難哉。
岸似雙屏合，天如匹練開。
逆風驚浪起，拔稔暗船來。
欲識愁多少，高於灧澦堆。

白鹽赤甲
(清)張問陶

白鹽雲外落，赤甲雨中蟠。
峽坼天光細，山童石氣完。
關河夔府秀，疏鑿禹功難。
孤艇愁風雪，飄飄逼歲寒。

巫 峽

巫山高
(唐)李瑞

巫山十二峰，皆在碧虛中。
回合雲藏日，霏微雨帶風。
猿聲寒度水，樹色暮連空。
愁向高唐去，清秋見楚宮。

巫山曲
(唐)孟郊

巴江上峽重復重，陽臺碧峭十二峰。
荊王獵時逢暮雨，夜臥高丘夢神女。
輕紅流烟濕艷姿，行雲飛去明星稀。
目極魂斷望不見，猿啼三聲淚滴衣。

夜雨寄北
(唐)李商隱

君問歸期未有期，
巴山夜雨漲秋池。
何當共剪西窗燭，
却話巴山夜雨時。

宿巫山
(唐)李白

昨夜巫山下，猿聲夢裏長。
桃花飛綠水，雨色風吹去。
三月下瞿塘，南行拂楚王。
高邱懷宋玉，訪古一沾裳。

三峽歌
(宋)陸游

十二巫山見九峰，
船頭彩翠滿江空。
朝雲暮雨渾虛語，
一夜猿啼明月中。

巫 峽
(清)張問陶

雲點巫山洞壑重，
參天亂插碧芙蓉。
可憐十二奇峰外，
更有零星百萬峰。

神女廟
(唐)劉禹錫

巫山十二郁蒼蒼，片石亭亭號女郎。
曉霧乍開疑捲幔，山花欲謝似殘妝。
星河好夜聞清風，雲雨歸時帶異香。
何事神仙九上天，人間來就楚襄王。

巫山十二峰名
(三峽民謠)

神女朝雲千古談，聚鶴過江飛集仙。
翠屏青蔥松巒綠，飛鳳授書瑤姬傳。
登龍騰空雲峰攢，獅子銀牌飲聖泉。
起雲上昇何處去，小溪河裏訪净壇。

西 陵 峽

上 三 峽
(唐)李白

巫山夾青天，巴水流若茲。
巴水忽可盡，青天無到時。
三朝上黃牛，三暮行太遲。
三朝又三暮，不覺鬢成絲。

黃牛廟
(宋)蘇軾

江邊石壁高無路，上有黃牛不服箱。
廟前行客拜且舞，擊鼓吹簫屠白羊。
山下耕牛苦磽確，兩角磨崖四蹄濕。
青蒭半束長基饑，仰看黃牛安可及。

入崆嶺峽
(清)劉肇紳

峭壁千尋並，
群峰一綫開。
江聲呼岸走，
山影壓船來。

西 陵 峽
(清)孫原湘

一灘聲過一灘催，一日舟行幾百回。
郢樹碧從帆底盡，楚臺青向櫓邊來。
奔雷峽斷風常怒，障日峰多霧不開。
險絕正當奇絕處，壯遊勿使客心哀。

楚 城
(宋)陸游

江上荒城猿鳥悲，
隔江便是屈原祠。
一千五百年間事，
只有灘聲似舊時。

三 遊 洞
(明)陳爾鼎

勝迹何年闢？遊人自古今。
三分吳蜀壘，千載白蘇吟。
徑曲藤爲引，碑殘鳥共尋。
不圖塵境外，如許臥雲深。

明月峽
(清)王銘臣

峽自西陵始，山從明月高。
雲峰蹲虎豹，石壁本猿猱。

黃牛峽
(清)張問陶

好奇須過古巴東，千水千山貌不同。
看到黃牛三峽盡，可憐丘壑滿胸中。

長江沿綫風光名勝
The Historical Sites and Scenic Spots along the Yangtze River
長江沿岸風景名勝地（三峡ダム区間）
Landschaft und Sehenswurdigkeiten

大足石刻
The Stone Scrulpture of Dazu
大足石彫り
Die Steinskulpturen von Dazhu

豐都鬼城
"Ghost City" Fengdu
豊都の鬼城
Fengdu-die Geist-Stadt

三峡工程
The Three Gorges Project
三峡ダムプロジェクト
Das Wasserprojekt der Drei Schluchten

瞿塘峡
Qutang Gorge
瞿塘峡
Qutang Schlucht

西陵峡
Xiling Gorge
西陵峡
Xiling Schlucht

萬縣
Wanxian
萬縣
Wanxian

巫山
Mt.Wu
巫山
Wu Shan

巴東
Badong
巴東
Badong

奉節
Fengjie
奉節
Fengjie

巫　峽
Wu Gorge
巫　峽
Wu Schlucht

重慶
Chongqing
重慶
Chongqing

秭歸
Zigui
姊帰
Zhigui

宜昌
Yichang
宜昌
Yichan

豐都
Fengdu
豊都
Fengdu

洞庭湖
Lake Dongting
洞庭湖
Der Donting See

涪陵白鶴梁
White Crane Ridge at Fuling City County
涪陵白鶴梁
Baihe Inschriftestein in Fulin

雲陽張飛廟
Zhangfei Temple at Yunyang County
雲陽にある張飛廟
Zhangfei-Tempel in Yunyan

重慶夜景
Night View of Chongqing City
重慶の夜景
Chongqing bei Nacht

忠縣石寶寨
Shibaozai Village at Zhongxian
忠県石宝寨
Shibaozhai in Zhongxian

葛洲壩工程
The Gezhouba project
葛洲坝ダム工事
Gezhouba Wasserbauprojekt

黄鶴樓
The Yellow Crane Tower
黄鹤楼
Der Gelbe Kranich-Turm in Wuhan

中山陵
Sun Yesen Mausoleum
中山陵
Das Sun Yatsen-Mausoleum in Nanjing

南京
Nanjing
南京
Nanjing

太湖
Lake Taihu
太湖
Der Tai See

上海
Shanghi
上海
Shanghia

鄱陽湖
Lake Poyang
鄱阳湖
Der Poyan See

荆州古城
The Ancient City of Jingzhou
荆州古城
Die alte Stadt Jinzhou

岳陽樓
Yueyang Tower
岳阳楼
Der Yueyang-Turm

上海
Shanghi
上海
Shanghia

119

兩岸猿聲啼不住
As the monkeys cry ceaselessly on both banks
両岸の猿声啼いて住まざるに
An den beiden Seiten des Flusses heulen die Affen unununterbrochen

朝辭白帝彩雲間
Bidding farewell to Baidi enveloped in colourful clouds
朝に辞す白帝彩雲の間
In aller Früe breche ich von Baidi im Morgenrot auf

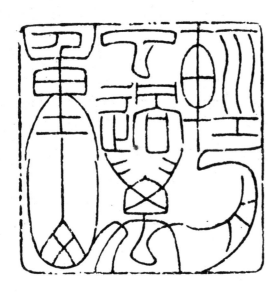

輕舟已過萬重山
The light boat speeds past ten thousand peaks
軽舟すでに過ぐ万重の山
aber mein Boot ist schon längst über alle Gipfel hinweggekommen

千里江陵一日還
A thousand li return journey is covered in one day
千里の江陵 一日にして還る
am einem Tag lege ich Tausend Li nach Jiangling zurück